职业技术 · 职业资格培训教材

机泵操作人员

总主编 陈 晓

主 编 童永伟

主 审 黄莉莉

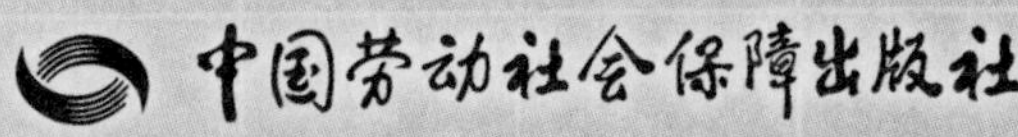

图书在版编目(CIP)数据

机泵操作人员：初级/上海市职业培训研究发展中心组织编写. —北京：中国劳动社会保障出版社，2011

1+X职业技术·职业资格培训教材

ISBN 978-7-5045-9040-4

Ⅰ.①机… Ⅱ.①上… Ⅲ.①给水排水泵-技术培训-教材 Ⅳ.①TU991.35

中国版本图书馆CIP数据核字(2011)第131131号

中国劳动社会保障出版社出版发行

（北京市惠新东街1号 邮政编码：100029）

出 版 人：张梦欣

*

新华书店经销

北京地质印刷厂印刷 三河市华东印刷装订厂装订

787毫米×1092毫米 16开本 10.25印张 209千字

2011年8月第1版 2011年8月第1次印刷

定价：20.00元

读者服务部电话：010-64929211/64921644/84643933

发行部电话：010-64961894

出版社网址：http：//www.class.com.cn

内容简介

本教材由人力资源和社会保障部教材办公室、中国就业培训技术指导中心上海分中心、上海市职业培训研究发展中心依据上海 1 + X 机泵操作人员（五级）职业技能鉴定细目组织编写。教材从强化培养操作技能，掌握实用技术的角度出发，较好地体现了当前最新的实用知识与操作技术，对于提高从业人员基本素质，掌握初级机泵操作人员的核心知识与技能有直接的帮助和指导作用。

本教材在编写中根据本职业的工作特点，以能力培养为根本出发点，采用模块化的编写方式。全书共分为3章，内容包括：机泵及其传动机构、泵站低压电气设备、泵站操作。

本教材可作为机泵操作人员（五级）职业技能培训与鉴定考核教材，也可供全国中、高等职业技术院校相关专业师生参考使用，以及本职业从业人员培训使用。

前　言

职业资格证书制度的推行，对广大劳动者系统地学习相关职业的知识和技能，提高就业能力、工作能力和职业转换能力有着重要的作用和意义，也为企业合理用工以及劳动者自主择业提供了依据。

随着我国科技进步、产业结构调整以及市场经济的不断发展，特别是加入世界贸易组织以后，各种新兴职业不断涌现，传统职业的知识和技术也愈来愈多地融进当代新知识、新技术、新工艺的内容。为适应新形势的发展，优化劳动力素质，上海市人力资源和社会保障局在提升职业标准、完善技能鉴定方面做了积极的探索和尝试，推出了1+X的鉴定考核细目和题库。1+X中的1代表国家职业标准和鉴定题库，X是为适应上海市经济发展的需要，对职业标准和题库进行的提升，包括增加了职业标准未覆盖的职业，也包括对传统职业的知识和技能要求的提高。

上海市职业标准的提升和1+X的鉴定模式，得到了国家人力资源和社会保障部领导的肯定。为配合上海市开展的1+X鉴定考核与培训的需要，人力资源和社会保障部教材办公室、中国就业培训技术指导中心上海分中心、上海市职业培训研究发展中心联合组织有关方面的专家、技术人员共同编写了职业技术·职业资格培训系列教材。

职业技术·职业资格培训教材严格按照1+X鉴定考核细目进行编写，教材内容充分反映了当前从事职业活动所需要的最新核心知识与技能，较好地体现了科学性、先进性与超前性。聘请编写1+X鉴定考核细目的专家，以及相关行业的专家参与教材的编审工作，保证了教材与鉴定考核细目和题库的紧密衔接。

职业技术·职业资格培训教材突出了适应职业技能培训的特色，按等级、分模块单元的编写模式，使学员通过学习与培训，不仅能够有助于通过鉴定考核，而且能够有针对性地系统学习，真正掌握本职业的实用技术与操作技能，从而实现我会做什么，而不只是我懂什么。

本教材虽结合上海市对职业标准的提升而开发，适用于上海市职业培训和职业资格鉴定考核，同时，也可为全国其他省市开展新职业、新技术职业培训和鉴定考核提供借鉴或参考。

新教材的编写是一项探索性工作，由于时间紧迫，不足之处在所难免，欢迎各使用单位及个人对教材提出宝贵意见和建议，以便教材修订时补充更正。

人力资源和社会保障部教材办公室
中国就业培训技术指导中心上海分中心
上海市职业培训研究发展中心

目录

1

第 1 章

机泵及其传动机构

第 1 节　机泵基础知识

学习单元 1　识图常识

学习目标

➢了解识图的基本方法

➢掌握视图及其尺寸标注方法

➢能识读简单的机械与土木工程图样

知识要求

一、识图一般规则

1. 图纸幅面及其格式

为了便于生产和进行技术交流，必须对图样的表达方法、尺寸标注、所采用的符号等作统一规定，包括图纸幅面及其格式、比例、字体、图线等。

图纸的幅面可分为 A0、A1、A2、A3、A4，其幅面及图框尺寸见表 1—1。图框格式如图 1—1 所示。

表 1—1　　　　图纸幅面及图框尺寸　　　　mm

幅面代号	A0	A1	A2	A3	A4
$B\times L$	841 × 1 189	594 × 841	420 × 594	297 × 420	270 × 297
e	20		10		
c	10			5	
a	25				

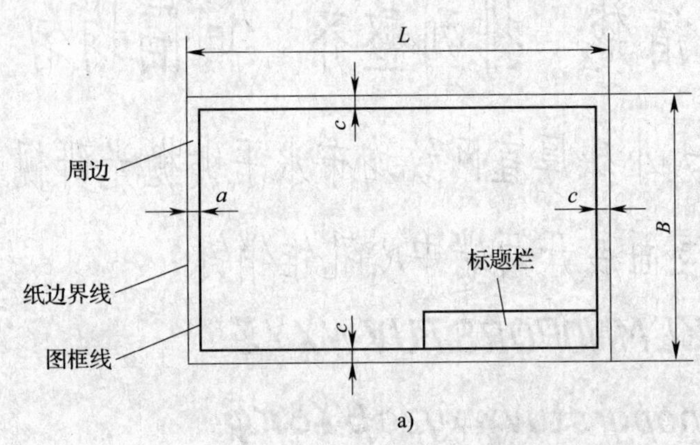

a)

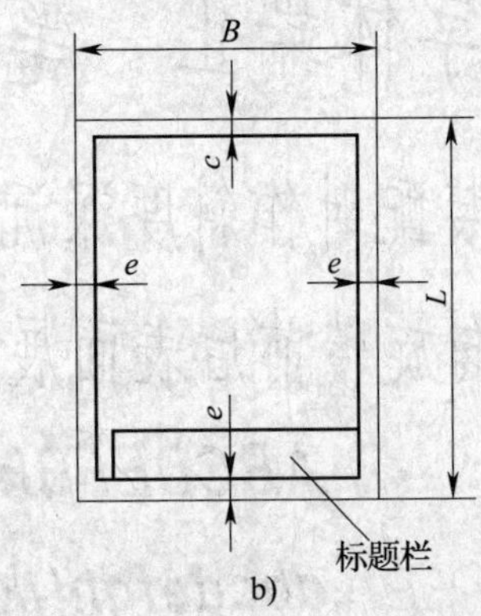

b)

图 1—1　图框格式

a）留有装订边　b）不留装订边

2. 比例

图样的比例，就是图样中机件的线性尺寸与实际机件的相应尺寸之比。图样缩小实物，即实物大于图样的用 1∶n，n 为缩小的倍数；图样放大实物，即图样大于实物的用 n∶1；如果图样与实物大小相同，则用 1∶1 比例。

绘制图样时，一般应采用表 1—2 中规定的比例，并填写在标题栏的“比例”项下。

表 1—2　　绘图的比例

与实物相同	1∶1
缩小比例	1∶1.5　1∶2　1∶2.5　1∶3　1∶5　1∶10^n 1∶1.5×10^n　1∶2×10^n　1∶2.5×10^n　1∶5×10^n
放大比例	2∶1　2.5∶1　4∶1　5∶1　1×10^n∶1

3. 字体

图样中汉字应写成长仿宋体，字的高、宽之比约为 3∶2，各种字母与斜体数字的字头应向右稍作倾斜。字体要端正，笔画要清楚，字与字之间应排列整齐、间隔均匀，如图 1—2 所示。

4. 图线

图样上会出现很多形式不同的图线。

（1）粗实线。其宽度为 0.5～2 mm，应根据图的大小和复杂程度选择。图样中的可见轮廓线和可见过渡线都用粗实线表示。

（2）细实线。其宽度约为粗实线的 1/3，常用于表示尺寸线、尺寸界线、剖面线、重合剖面轮廓线、引出线等。

（3）虚线。其宽度约为粗实线的 1/3，常用于表示不可见轮廓线与不可见过渡线。

字体端正　笔划清楚　排列整齐　间隔均匀

装配时作斜度深沉最大小球厚直网纹均布水平镀抛光研视

向旋转前后表面展开表面展开两端中心孔锥销键

ABCDEFGHIJKLMNOPQRSTUVWXYZ

abcdefghijklmnopqrstuvwxyzαβγδπφ

ⅠⅡⅢⅣⅤ　*0123456789φ*

$\phi 84\frac{H7}{k6}$　$\phi 50_{-0.025}$　$\frac{\text{Ⅱ}}{2:1}$　$2\times 45^{\circ}$　*R3*

图 1—2　斜体字母、数字及字体的应用示例

（4）点画线。其宽度约为粗实线的 1/3，常用于表示图样中的轴线、对称中心线、轨迹线等。

其他还有双点画线、折断线等，其应用如图 1—3 所示。

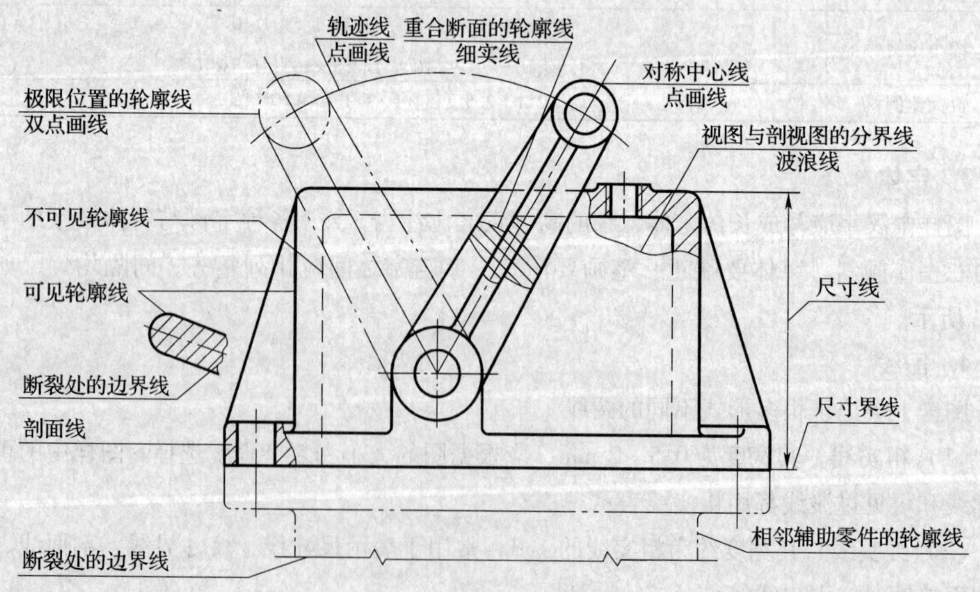

图 1—3　图线及其应用

二、三视图和组合体

工程上常用各种投影法来绘制图样，如中心投影法、平行投影法。使用最广泛的是平行投影法中的正投影法，也就是投影方向垂直于投影面的投影法。这样的投影能反映平面图形的真实形状和大小，即使改变物体与投影面的距离，其投影形状与大小也不会改变。

实际应用中，通常把图纸当成投影面，画在图纸上的图形就是物体的正投影，这个图形称为视图。

1．三视图及其投影规律

（1）三视图。为了确切表示一个物体的形状和大小，通常选用三个互相垂直的投影面，建立一个三投影面体系，把物体放在这三个投影面的中间，用正投影的方法，分别得到三个投影，称为该物体的三视图，如图1—4所示。

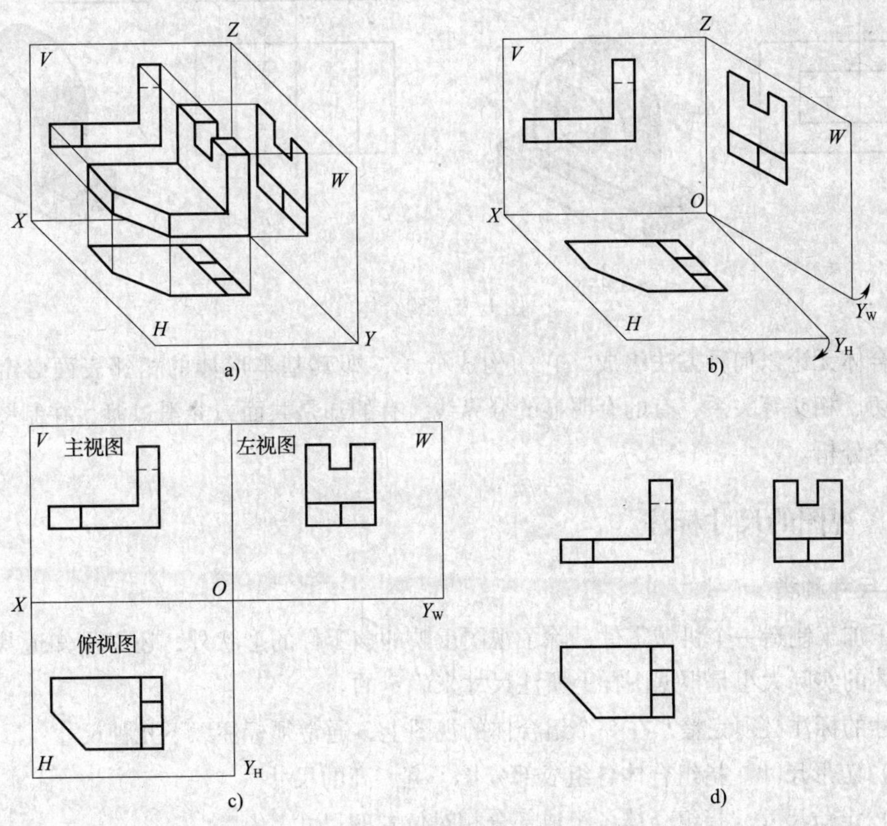

图1—4　三视图的形成

（2）三视图的投影规律。通常物体有长、宽、高三个方向的尺寸。主视图表示物体的长和高，俯视图表示物体的长和宽，左视图表示物体的宽和高。从图1—4可以看出，主视图和俯视图长对正，主视图和左视图高平齐，俯视图与左视图宽相等。这就是三视图的投影规律，是制图和识图的主要依据。这个投影规律可简述为“长对正、高平齐、宽相等”。

2. 组合体

任何物体，不管其形体多么复杂，总是由一些基本形体，如长方体、圆柱体、球体等，经过结合、切割、穿孔等方法组合而成，称为组合体。如图1—5中所示物体即为2个长方体经切割穿孔后结合而成，它也是一个组合体。

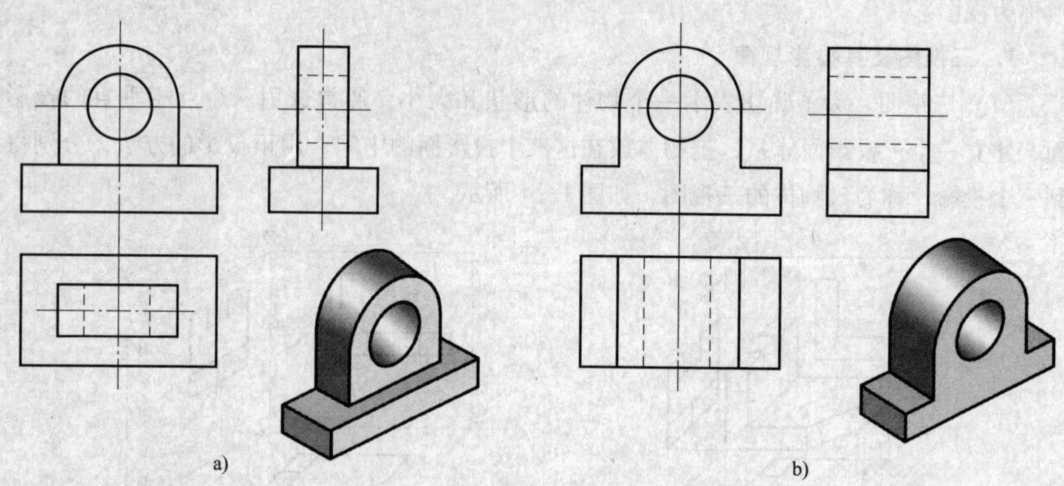

图1—5　组合体

组合体无论以何种方法组成，它的构成分子，即其基本形体的相邻表面必定存在平行、相切、相交等关系，有的有明显的分界线，有的却是共面或光滑过渡，在制图或识图中要学会分析。

三、视图的尺寸标注

1. 尺寸种类

为了加工制造一个机械零件，除了视图反映的该零件的形状外，还必须知道其确切尺寸，物体的实际大小是根据图样上所注尺寸来确定的。

尺寸的标注必须完整，在一个组合体的视图上，通常须标注以下几种尺寸：

（1）定形尺寸。指组合体各组成部分长、宽、高的尺寸。

（2）定位尺寸。指组合体各组成部分相对位置的尺寸。

（3）总体尺寸。指组合体外形大小的总长、总宽、总高的尺寸。

2. 尺寸基准

在标注图样的尺寸时，应注意长、宽、高方向至少各有一个尺寸基准。尺寸基准通常选择组合体的对称平面、底面、重要端面和回转体的轴线等。选定基准后，各个主要尺寸就从相应的基准进行标注。

3. 尺寸标注的基本要求

(1) 尺寸标注必须正确、完整，既不能遗漏，也不可重复。

(2) 尺寸标注必须整洁、清晰。

(3) 尺寸标注要合理，应考虑工艺的要求。

图 1—6 所示为一支架视图的尺寸标注。

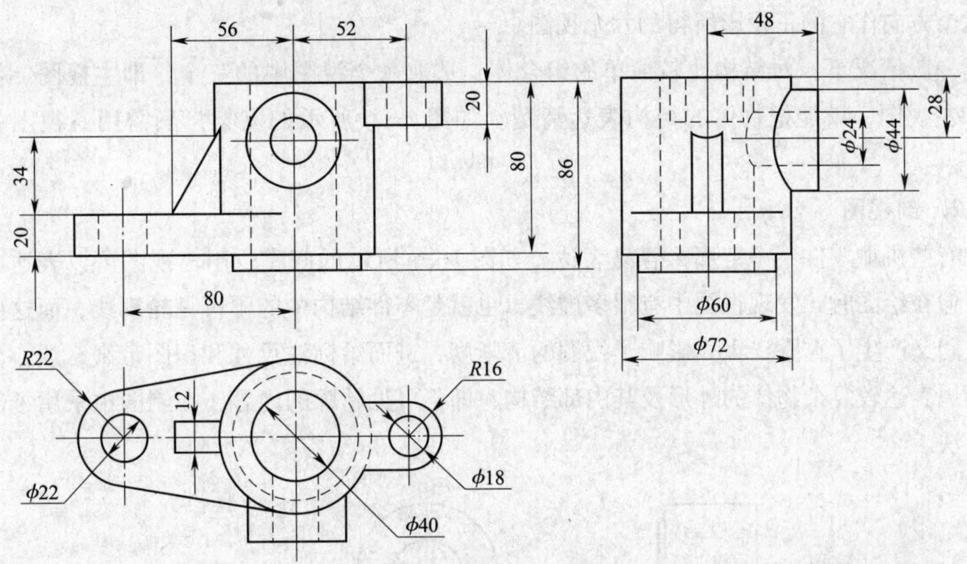

图 1—6 支架的尺寸标注

4. 尺寸标注的步骤

(1) 分析物体形体结构特点。

(2) 选定尺寸基准。

(3) 依次标注定形尺寸、定位尺寸、总体尺寸。

(4) 按形体分析，检查所标注尺寸的合理性，并将这些尺寸排列整齐。组合体尺寸标注有一般标注法和简化标注法，图 1—7 的标注法即是正确的简化标注法。

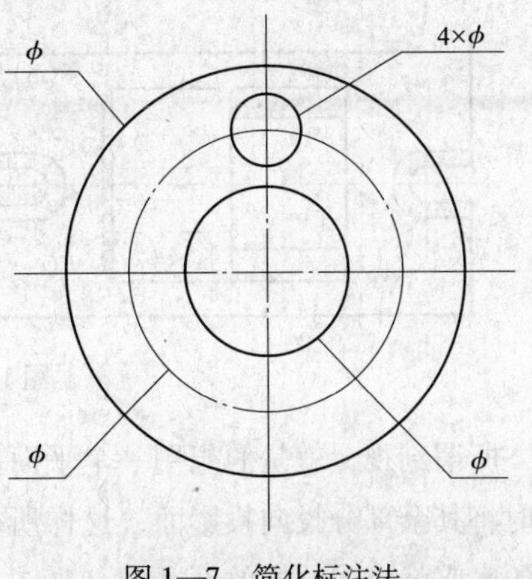

图 1—7 简化标注法

四、零件常用的表达方法

对一些结构比较复杂的零件，如果只采用主视、俯视、左视三个视图，往往还不能将物体表达完整，所以，除此之外，还须采用其他方法，以便加工制造和使用该零件的操作人员能够对它有充分、正确的理解。

1. 基本视图

基本视图是用正六面体的六个平面作为基本投影面，从物体的前、后、上、下、左、右六个方向作它的正投影所得的六个视图。

一般情况下，对结构比较简单的组合体，选取六个视图中的三个，即主视图、俯视图和左视图，就能把物体的结构表达清楚。如图 1—6 所示的支架，只需用三视图就可以了。

2. 剖视图

有些机械零件不一定那么容易表达。如图 1—8 所示的底座，用三视图可以表达其结构，但在绘图时，发现视图中有很多虚线，也就是零件结构中的不可见轮廓线，而这些虚线之间又产生了重叠，大大影响了视图的清晰度，进而给标注尺寸和识图带来麻烦，为了清晰地表达较复杂物体的外形及其内部结构，即不可见轮廓的内容，在制图中采用了剖视的方法。

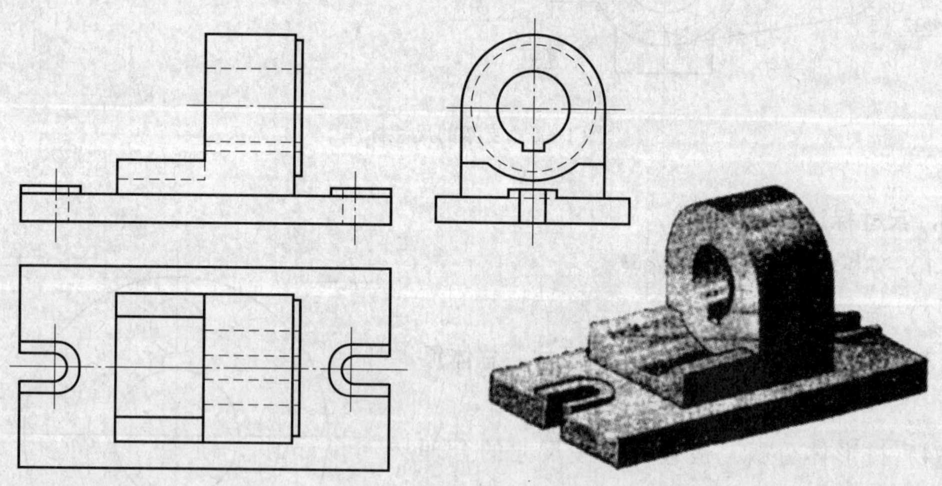

图 1—8　底座及其三视图

所谓剖视，就是假想用一个平面把物体剖开，把看图人和剖切平面之间的物体移去，同时将其余部分投向投影面，这样所得到的在投影面上的图形称为剖视图。如图 1—8 所示的底座就可用这样的剖视图（见图 1—9）来表达清楚。

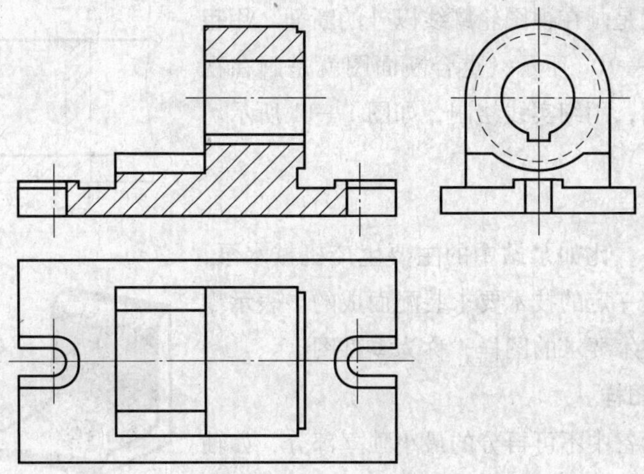

图 1—9　底座的剖视图

在剖视图中剖切到的正断面部分称为剖面。为了突出剖面，使看图人进一步理解图样的含义，在剖面上必须画上剖面符号。机械零件常用金属材料制成，其剖面线用细实线倾斜 45°等间距画出，左右倾斜均可。

3. 断面图

（1）断面图。断面图是用假想的剖切面切断物体，画出剖切面与物体接触部分的图形，并画上剖面线。它常用来表达物体某一局部断面的形状，如水泵泵轴上的键槽等，如图 1—10 所示。

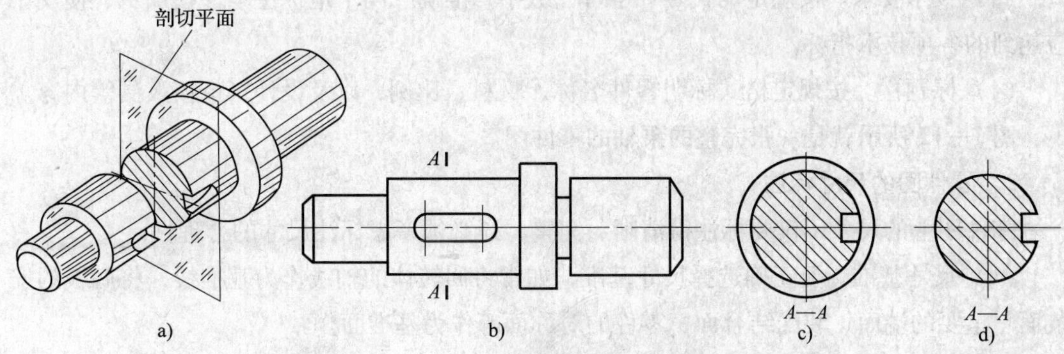

图 1—10　断面图与剖视图

a）、b）剖切位置　c）剖视图　d）断面图

（2）断面图与剖视图的区别。断面图只画出被剖切处断面的图形，而剖视图除了画出断面形状之外，还必须画出剖切平面后的可见轮廓。

（3）断面图的分类。断面图可分为移出断面图和重合断面图两种。

移出断面图就是画在视图轮廓线以外的断面，用粗实线绘制，如图 1—10c 所示；重合断面图就是画在视图轮廓线内的断面，用细实线绘制，如图 1—11 所示。

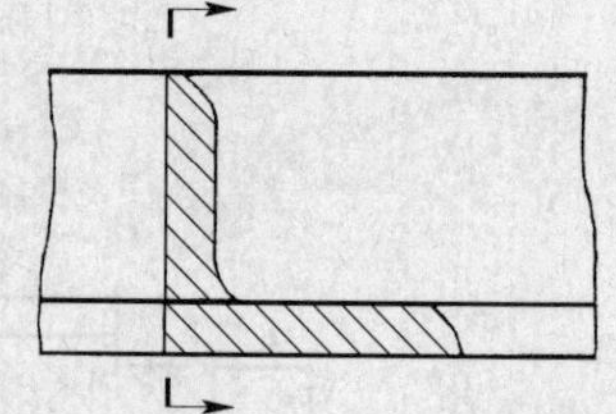

图 1—11　重合断面图

五、零件图

任何机械设备，比如泵站中的主要生产机械水泵，都是由若干零件按一定的技术要求装配而成的。表示零件结构、大小及技术要求的图样，称为零件图。

1. 零件及其图样

零件是机械设备中不可再分的最小独立部分，如轴流泵机组中的导叶、叶片、动叶外圈等。它们是组成机械设备的必要分子，为了制造或加工这些零件，必须由零件工作图进行规范和指导。

一张正确、规范的零件图完整地表达了某一机器零件详细的形状结构、尺寸大小、技术要求等，所以它是加工制造和检验零件的主要依据。

一张完整的零件图必须包含以下内容：

（1）图形。将零件各部分结构形状清晰、完整、正确地表达出来。

（2）尺寸。将零件各部分必要的尺寸清晰、完整、正确、合理地表达出来。

（3）技术要求。按规定的代号、字母、数字，准确、明了地标注零件在加工、使用中应达到的各项技术指标。

（4）标题栏。按规定格式标明零件名称、材料、比例，以及设计、审核人员等内容。

图 1—12 所示就是一张完整的泵轴的零件图。

2. 零件图的尺寸标注

零件图上的尺寸不仅要标注得清晰、完整，还必须考虑标注尺寸的合理性。

（1）尺寸基准。要正确选择尺寸基准，如常将回转体的轴线作为基准线，将底板的安装面、重要的端面、装配结合面、零件的对称面等作为基准面。

（2）尺寸标注形式。零件图尺寸标注形式常有链式、坐标式、综合式等。标注时，定形尺寸、定位尺寸应标注完整，确定零件结构的重要尺寸要直接标注，尺寸标注要尽量集中并避免尺寸链封闭。

3. 零件图上的技术要求

零件图除了包含物体的形状和尺寸外，还必须标注加工零件应达到的技术要求，如形位公差、尺寸公差、表面粗糙度和对材料热处理的要求等。

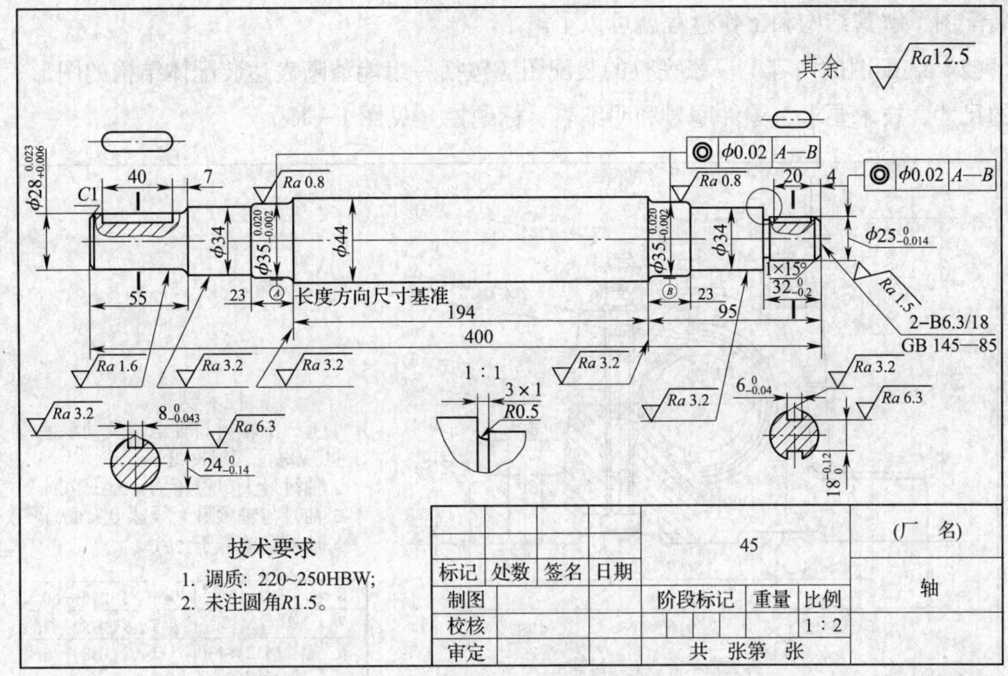

图 1—12　轴

4. 零件图的识读

零件图识读的目的是为了认知零件的结构形状，了解零件的大小及技术要求。识读零件图通常按以下步骤进行：首先浏览零件图，其次分析视图，想象物体形状，最后分析细节、尺寸和了解技术要求。经过这些识读和分析，就可以全面了解这个零件的形状、结构、尺寸大小、技术要求等。

如识读泵轴图样。首先浏览全图，从标题栏可知零件名称是轴，用 45 号优质碳素钢制成，轴的实际尺寸是图样的 2 倍；然后分析视图，视图采用了主视图，键槽部分用断面图表达，并作了局部放大，由此想象出轴的大致形状，此后就可以分析轴的细节和尺寸大小；最后看技术要求作综合分析，从而对图样所示的轴有一个全面的了解。

六、装配图

装配图是用来表示机械设备及其部件的连接、装配关系的图样，是反映设计思想、指导生产、交流技术的重要工具。

1. 装配图的作用和内容

（1）装配图的作用。装配图在机械设计和制造中有很多重要的作用，但作为机泵操作人员，则只需通过装配图了解机械的构造和装配关系。比如认知离心泵，只要通过离心泵的装配图了解其结构和工作过程就可以了。

（2）装配图的内容。一张完整的装配图应包括一组能清晰表达装配体结构的图形、必要的尺寸、技术要求、零件序号和明细表、标题栏（见图1—13）。

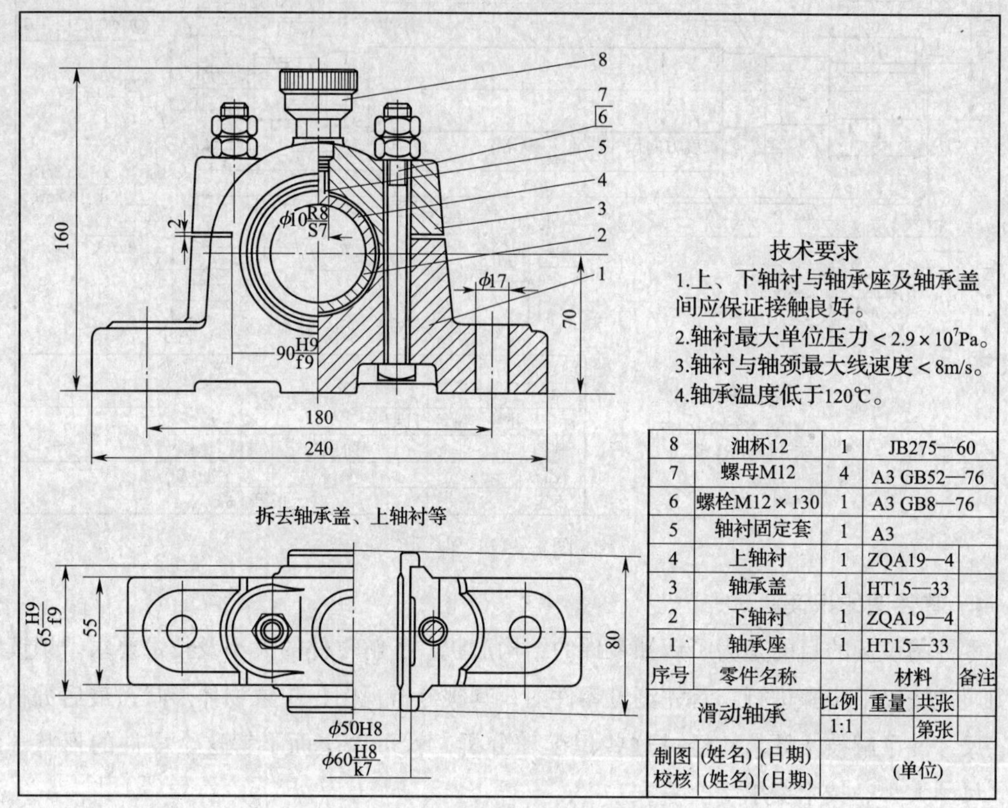

图1—13　滑动轴承装配图

一组视图可表示机器或部件的工作原理、零件间的装配关系、连接方式和零件的重要结构形状，必要的尺寸标注可表达机械设备及其部件的规格和装配要求，技术要求反映了有关机械或部件装配、调整、试验、使用等方面的要求和应达到的指标，装配图中的零件序号和明细表说明了每个零件的名称、代号、数量和材料，标题栏注明了机械或部件的名称、比例和设计、绘图、审核者。标题栏的上方绘制零件明细表。标题栏和明细表的分界线是粗实线。

2．装配图的尺寸标注和技术要求

（1）装配图的尺寸标注。装配图主要用以表达零部件间的装配关系，所以它在绘制时不必注明每个零件的全部尺寸，一般只需标注出规格性能尺寸、装配尺寸、安装尺寸、外形尺寸等。

规格或性能尺寸是设计和选用机械时的主要依据，装配尺寸是用以保证部件正确装配并说明配合性质及装配要求的，安装尺寸指安装部件到地基上或与其他部件相连时所规定的尺寸，外形尺寸是机器或部件的长、宽、高的总体尺寸。

（2）装配图的技术要求。装配图上的技术要求指装配过程中的方法、质量要求、检验、调试中的特殊要求及其安装、使用中的注意事项等。技术要求应根据装配体的结构特点和使用性能合理填写，在零件图中已提及的技术要求不应重复填写。

3. 装配图的读法

不同人员对识读装配图的目的也不一样，机泵操作人员读装配图主要是为了了解机械的结构，一般可按下列步骤识读：

（1）概括了解图样。首先可从标题栏中了解机器或部件的名称和用途，再从零件序号和明细表中了解机器或部件的构成。

（2）初步分析视图。从装配图的表达方式、投影关系和剖切位置，结合标注的尺寸，形成对装配体整体和主要零件的构思。

（3）分析装配体的装配关系和零件结构。从概括了解到进一步分析，弄清各零件间的相互关系、配合要求及其定位和连接方式。对主要的复杂零件则有必要进行投影分析，想象出其形状和结构。

七、房屋工程图

机泵操作人员除了正确操作水泵机组，输、排水或其他液体，还必须了解泵站的结构、泵房布置、进出水口的安排以及其对水泵机组运行效率的影响，因此，具备初步识读房屋工程图的能力是有其必要性的。

1. 房屋建筑图的分类和表示方法

（1）房屋建筑图的分类。房屋建筑图由建筑、结构、给排水、采暖通风和电气等图样组成，通常分为建筑施工图、结构施工图和设备施工图三大类。

1）建筑施工图。建筑施工图包括总平面图、建筑平面图、建筑立面图、建筑剖面图和详图（见图1—14）。它主要表示房屋内部布置、外部形状、结构、装修及施工要求等。

2）结构施工图。结构施工图包括结构计算说明书、基础图、结构布置平面图以及构件的详图。它反映了房屋承重构件的布置和构件的形状、大小、材料及其构造等情况。

3）设备施工图。设备施工图包括供排水、采暖通风与空调以及电气设备的平面布置图、系统图以及各种详图。它反映了各种设备、管道和线路的布置、走向与安装要求等。

上述三大类施工图与机泵运行相关的主要是建筑施工图与设备施工图。

（2）房屋建筑图的表示方法。掌握了机械制图的表示法，房屋建筑图的识读就有了基础。房屋建筑图也是按正投影的方法绘制的，但因为房屋的形状、大小、结构和材料与机械制图中的机器或部件存在很大差异，所以在表达方式上也与机械制图有所不同。

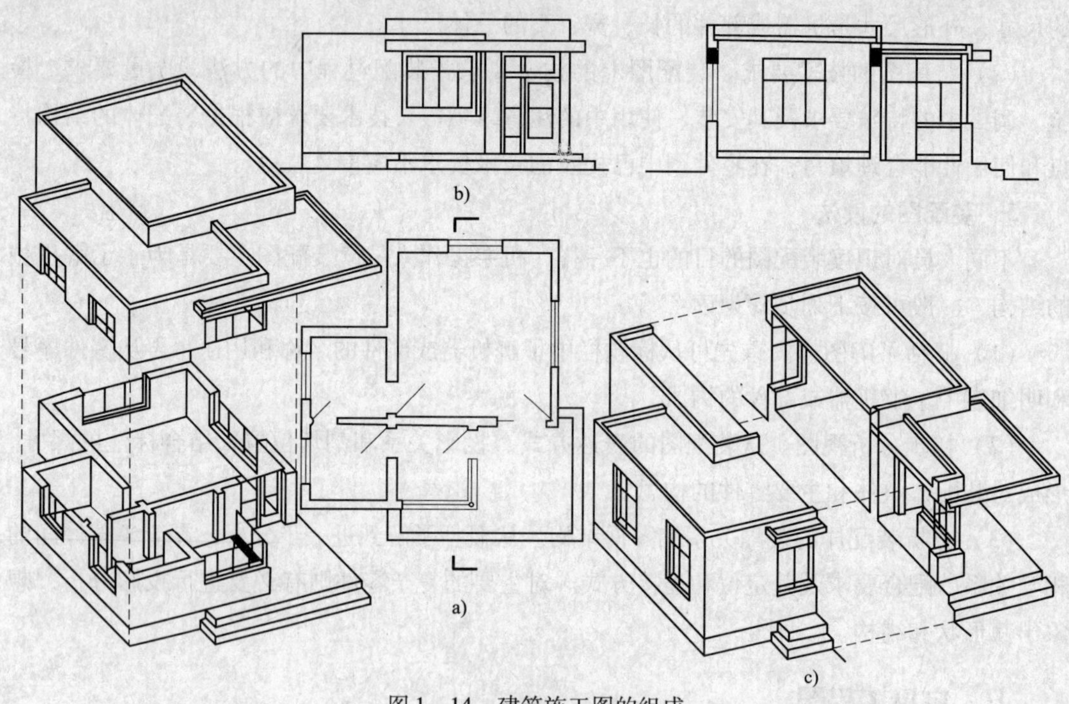

图 1—14　建筑施工图的组成

a）平面图　b）正立面图　c）剖面图

房屋建筑图所采用的图线有实线、虚线、点画线等，但它比机械制图分得更细，如实线又分成粗实线、细实线和中实线三种，可通过具体识图逐步领会其表达方法与作用。

（3）图例。常用建筑材料的图例见表 1—3。

表 1—3　　常用建筑材料的图例

名称	图例	说明	名称	图例	说明
自然土壤		包括各种自然土壤	普通砖		包括实心砖、多孔砖、砌块等砌体，断面较窄不易画图例线时，可涂红
夯实土壤					
砂、灰土		靠近轮廓线绘较密的点	空心砖		指非承重砖砌体
毛石			木材		上图为横断面，下图为纵断面

续表

名称	图例	说明	名称	图例	说明
混凝土		断面图形小，不易画出图例线时，可涂黑	防水材料		构造层次多或比例较大时，采用上面图例
钢筋混凝土					
玻璃			胶合板		应注明×层胶合板
金属		包括各种金属，图形小时，可涂黑	液体		注明液体名称

2. 识读土建施工图的方法与注意事项

土建施工图包括建筑和结构两大部分，与机泵运行相关的是建筑施工图，包括管道、电气、机械设备的布置和安装。

机泵操作人员应熟悉土建施工图的常用图例符号，仔细识读图样，力求把泵站的各种图样读懂。识图的顺序通常为平面图、立面图、剖面图、详图。要正确运用投影原理，把上述几种图样有机地联系起来，将平面的图形理解成立体的实物。

八、给排水工程图

1. 给排水工程图分类

（1）给水工程。给水工程通常指从水源取水，然后净化，再经输配水系统将净化后的水送给用户的一系列设施、设备、管道等组成的综合体。给水工程可分为室外给水工程和室内给水工程两大部分。

（2）排水工程。排水工程通常指生活、生产污（废）水和雨水管网、污水处理及污水排放的一系列管道、设施、设备所组成的综合体。排水工程也可分为室外排水工程和室内排水工程两大部分。

（3）给排水工程图。给排水工程图分为基本图和详图两大类。按图样的内容又可分为室外管道附属设备图、室内管道及卫生设备图和水处理工艺设备图三类。

室外管道附属设备图指城镇厂矿的给水排水施工图，室内管道及卫生设备图指某建筑物内用水设备的管道平面图，水处理工艺设备图主要指给水厂和污水处理厂的平面布置图、水处理设备图和水流、污水流的流程图。其中包括房屋剖面图、管辖范围图和机械电气图等。

2. 给排水工程图的识读

给排水工程图的识读应将平面图、纵断面图和详图结合起来分析，通常图中的给水管道用粗实线表示，排水管道用粗虚线表示。

下面通过一座雨水泵站的实例来介绍给排水工程图的识读（见图 1—15）。

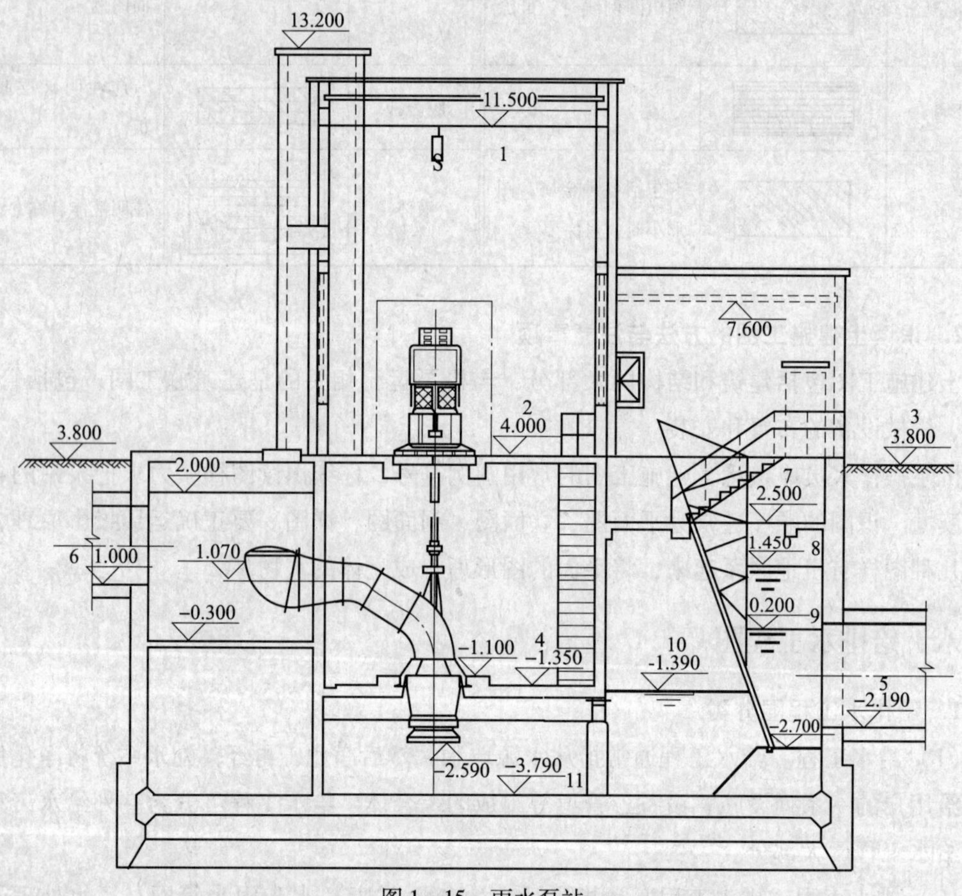

图 1—15 雨水泵站

图 1—15 是一座雨水泵站的立剖面图，泵机操作人员可通过此图了解这个泵站的工艺流程，即进水设施→泵房→出流设施，从图中还可以读出泵站的高程及水位：1——工字梁标高，11. 500 m；2——电动机间地坪标高，4. 000 m；3——室外地坪标高，3. 800 m；4——水泵间地坪标高，－1. 350 m；5——进水管管底标高，－2. 190 m；6——出水管管底标高，1. 000 m；7——集水池平台标高，2. 500 m；8——开泵水位，1. 450 m；9——停泵水位，0. 200 m；10——技术水位，－1. 390 m；11——基础标高，－3. 790 m。

技能要求

认知泵轴，识读相关图样

操作准备

1. 小型泵轴一根。

2. 与泵轴对应的机械图一张（见图 1—16）。

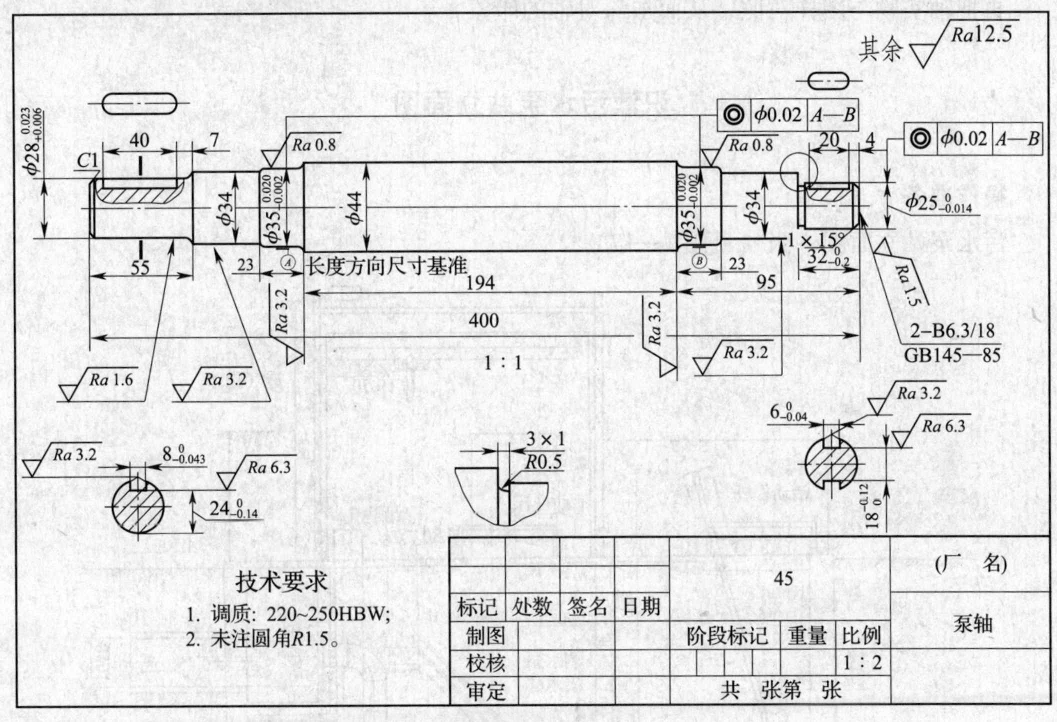

图 1—16 泵轴

操作步骤

步骤 1 浏览图样

将泵轴实物和图样对照。

步骤 2 看图样标题栏

从标题栏得知实物名称是泵轴，其制造材料是 45 号优质碳素钢，实物的大小是图样的 2 倍。

步骤 3 分析视图

图样采用轴的主视图，键槽用了局部剖视图与移出断面图清晰表达。

步骤 4　分析形状

轴是由多个圆柱体结合而成，两端两个圆柱面上各有一个键槽用以嵌入圆头平键。

步骤 5　分析尺寸

长度尺寸基准在 $\phi 44$ 圆柱左端台阶处，径向尺寸以轴线为基准。

步骤 6　看技术要求

读懂公差的标注、倒角的大小以及调质等制作要求等。

步骤 7　对照

再把轴实物与图样对照，从而加深对轴的印象。

识读污水泵站立面图

操作准备

污水泵站立面图一张（见图 1—17）。

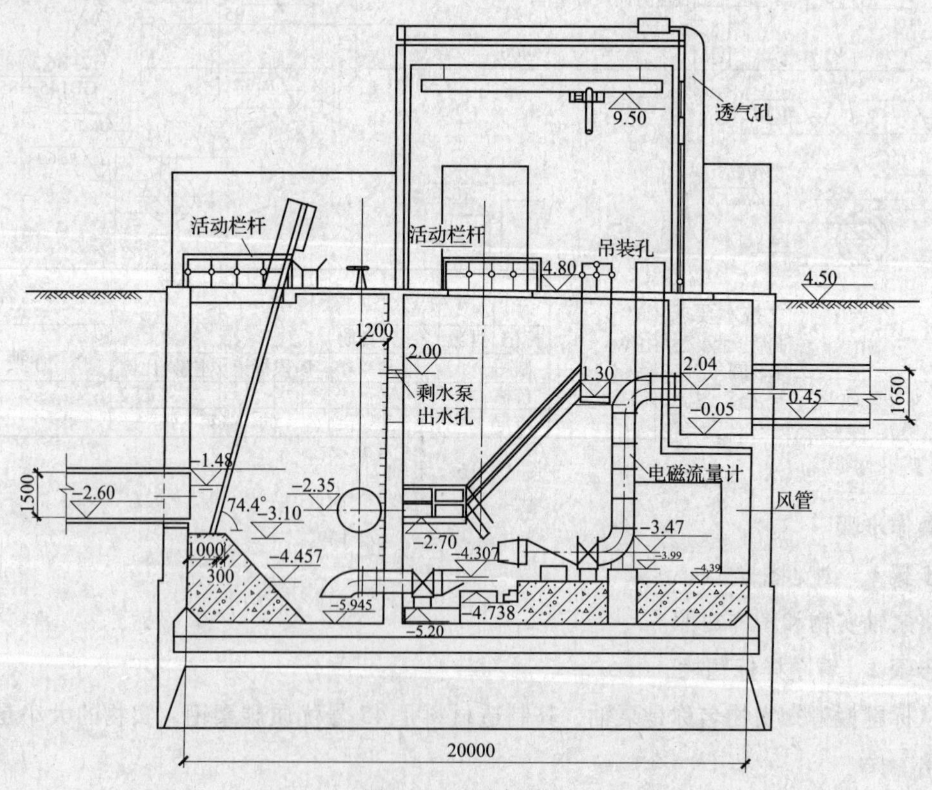

图 1—17　污水泵站

操作步骤

步骤1 识读泵房（内）宽度为20 m。

步骤2 识读泵房内行车工字梁标高为9.5 m。

步骤3 识读电机间地坪标高为4.8 m。

步骤4 识读水泵间地坪标高为-4.39 m。

步骤5 识读泵房基础标高为-5.2 m。

步骤6 识读进水管管底标高为-2.6 m。

步骤7 识读出水管管底标高为0.45 m。

步骤8 识读格栅与地面夹角为74.4°。

步骤9 识读集水池平台标高为-3.1 m。

步骤10 识读室外地坪标高为4.50 m。

学习单元2 机械基础

学习目标

➢了解通用机械常识

➢熟悉各类机械零件

➢掌握键和轴系零件的作用

➢能够认识水泵机组中各种机械零部件

知识要求

一、传动

传动即传递动力，使机器或机器部件运动或运转。机泵操作人员操作的水泵机组就是靠传动机构把电动机的动力传递给水泵，使它转动，输、排水或其他液体。

传动有多种形式，有带传动、螺纹连接与传动、齿轮传动、蜗轮蜗杆传动等几类。

1. 带传动

带传动是由带和带轮组成传递运动和动力的传动方式，可分为摩擦传动和啮合传动，是一种常用的机械传动。如平带传动属于摩擦传动，同步带传动属于啮合传动（见图1—

18)，它们都广泛应用于各种机械。

2. 螺纹连接与传动

螺纹是在圆柱或圆锥表面上，沿着螺旋线所形成的具有规定牙型的连续凸起。它有很多种类，如在圆柱或圆锥外表面上形成的螺纹称为外螺纹（见图 1—19），在圆柱或圆锥内表面上形成的螺纹称为内螺纹（见图 1—20）。常用的顺时针旋转时旋入的螺纹称为右旋螺纹（见图 1—21）。

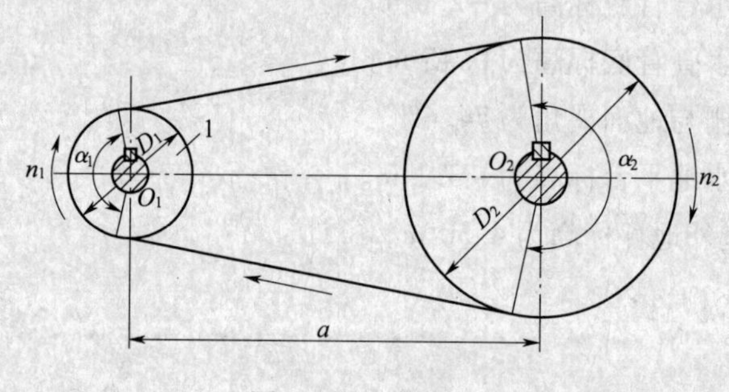

图 1—18　带传动

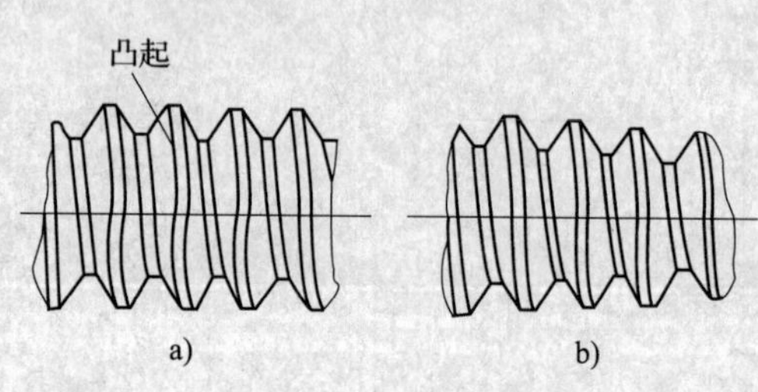

图 1—19　外螺纹

a）圆柱外螺纹　b）圆锥外螺纹

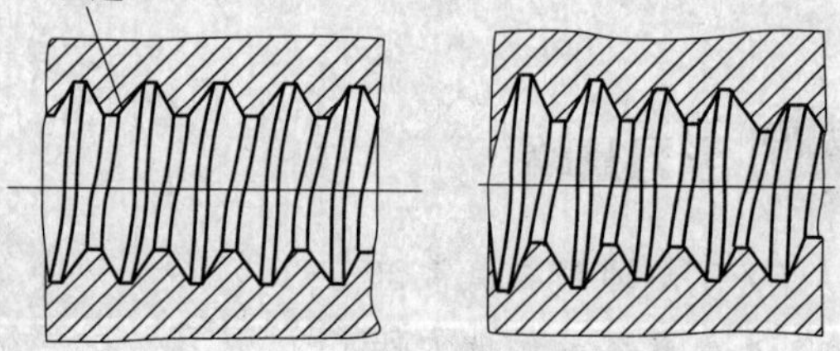

凸起

a)　b)

图 1—20　内螺纹

a）圆柱内螺纹　b）圆锥内螺纹

螺纹在机械中主要用于连接与传动，通常分连接螺纹和传动螺纹两类。此外，还能起旋转、微调、密封等作用。

3. 齿轮传动

齿轮是轮缘上有齿，能连续啮合传递运动和动力的机械元件。这种运动或动力的传递称为齿轮传动，是机械中应用较为广泛的一种传动形式（见图 1—22）。通常要求齿轮传动能满足传动平稳和承载能力大两个特点。

4. 蜗轮蜗杆传动

由蜗杆及其配对蜗轮组成的交错轴齿轮副称为蜗杆副。通常，蜗轮和配对的蜗杆呈线接触状态。蜗杆传动是利用蜗杆副传递运动或动力的一种机械运动（见图 1—23）。

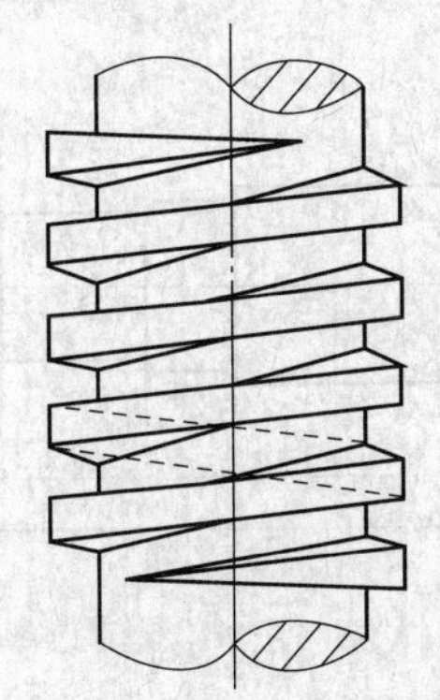

图 1—21　单线右旋螺纹

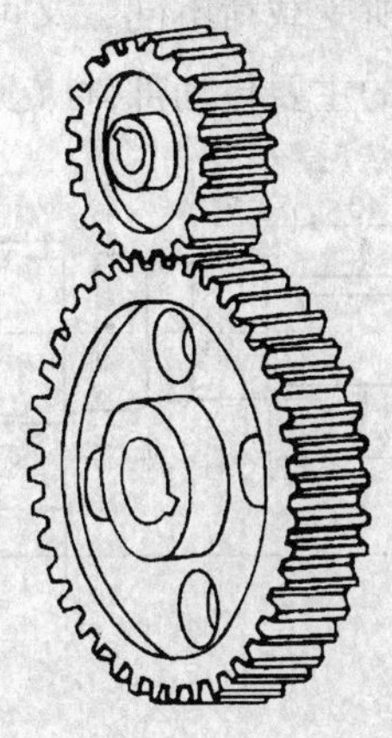

图 1—22　齿轮传动

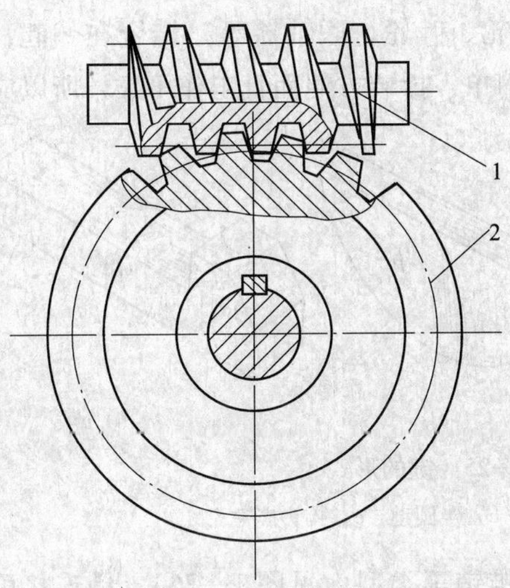

图 1—23　蜗杆传动

1—蜗杆　2—蜗轮

二、轴系零件

轴是支撑转动零件并与其一起回转以传递运动、扭矩或弯矩的机械零件。通常是穿在车轮、齿轮或轴承中间的圆柱形物件。泵站中的水泵机组就是由泵轴和其他轴系零件一起将电动机的动力传递给水泵的。

1. 轴的分类与作用

按照轴的轴线形状可分为曲轴和直轴两大类。直轴应用最为广泛，泵轴属于直轴。对于直轴，根据所受载荷不同，又可分为心轴、转轴和传动轴。泵轴用以传递动力，是连接电动机和水泵的主要传动部件（见图 1—24）。

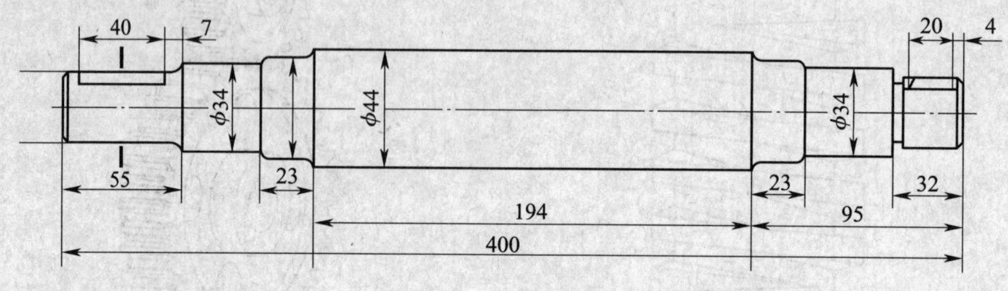

图 1—24　泵轴

2. 键连接与销连接

（1）键与键连接。键有平键、半圆键、楔键、花键等多种类型（见图 1—25）。键连接就是通过键将轴与轴上的零件（如齿轮、叶轮、联轴器等）结合在一起，实现周向固定，并传递转矩的连接。这种连接结构简单、拆装方便而且工作可靠，所以应用广泛。

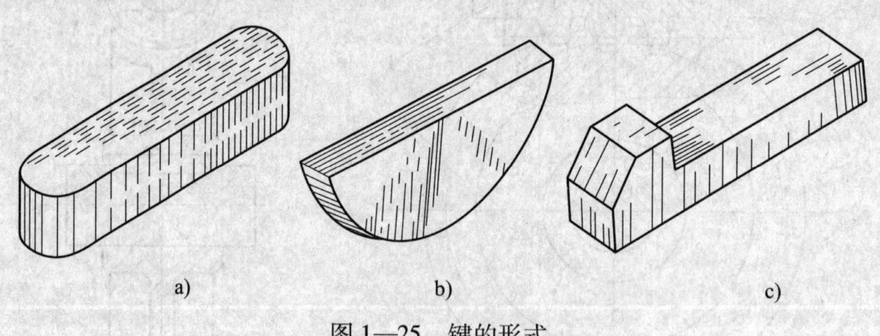

图 1—25　键的形式

a）普通平键　b）半圆键　c）钩头楔键

（2）销与销连接。销有圆柱销和圆锥销等类型（见图 1—26）。销连接可用来确定零件间的相互位置，传递动力或转矩。比如 ZLB 系列轴流泵的叶轮常用圆柱销定位，电动机与电动机座之间则多采用圆锥销定位。

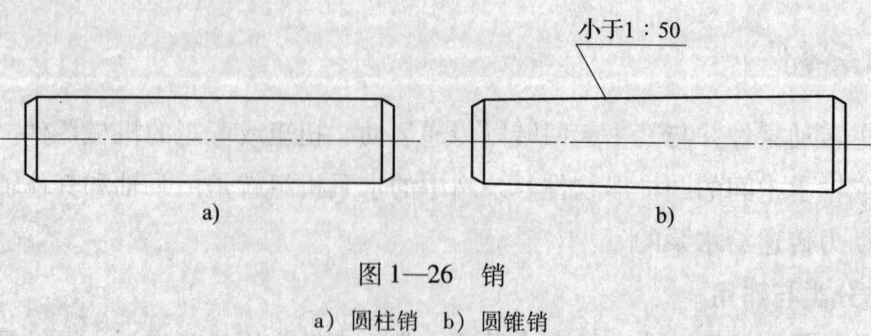

图 1—26　销

a）圆柱销　b）圆锥销

3. 联轴器

联轴器是用来连接不同机构中的两根轴（主动轴和从动轴），使它们共同旋转以传递转矩或运动的机械零件。如在水泵机组中，联轴器把电动机轴和水泵轴连接起来，传递运动。水泵机组中常用的联轴器有弹性联轴器和刚性联轴器。如电动机输出轴与泵轴之间常用弹性联轴器连接（见图 1—27），立式水泵传动轴接长时常用刚性联轴器作为连接件。

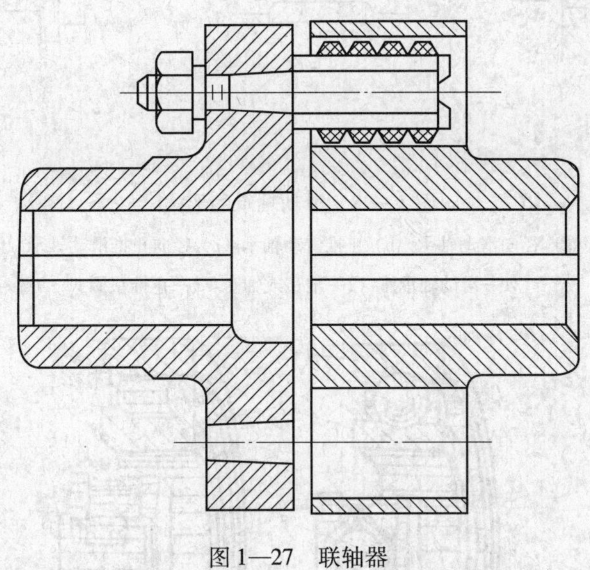

图 1—27　联轴器

4. 轴承

轴承是确定轴与其他零件相对运动位置并起支撑或导向作用的机械零件，可用以支撑转动部件的重量，同时承受该部件运行时的轴向力和径向力。

常用的轴承有滑动轴承和滚动轴承两种。

（1）滑动轴承。滑动轴承结构简单，制造成本低，工作可靠，运行平稳，能承受较强的冲击载荷，有径向滑动轴承、止推滑动轴承和径向止推滑动轴承等形式（见图 1—28）。径向滑动轴承承受径向载荷，止推滑动轴承承受轴向载荷。水泵机组上使用的滑动轴承除了用铜合金或铝合金制成外，还常用一种橡胶轴承，它具有一定的承载能力，而且耐腐蚀，工作稳定，噪声小。

（2）滚动轴承。以滚动摩擦为主的轴承称为滚动轴承，由外圈、内圈、滚动体和保持架组成（见图 1—29）。滚动轴承具有摩擦阻力小、损耗小、效率高、工作稳定、润滑简便、易于维护等优点，但抗冲击能力较差，高速运行时噪声大。

滚动轴承分为向心轴承、推力轴承与向心推力轴承三类。向心轴承只承受径向载荷，推力轴承只承受轴向载荷，向心推力轴承则既能承受径向载荷，又能承受轴向载荷。

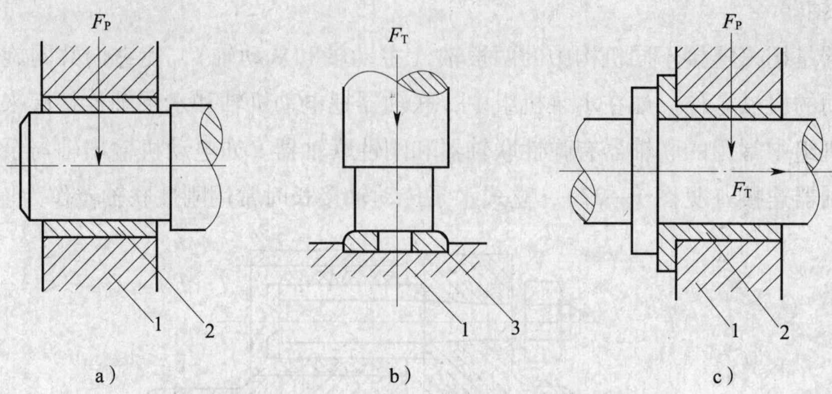

图 1—28 滑动轴承的形式

a）径向滑动轴承 b）止推滑动轴承 c）径向止推滑动轴承

1—滑动轴承座 2—轴瓦或轴套 3—止推垫圈

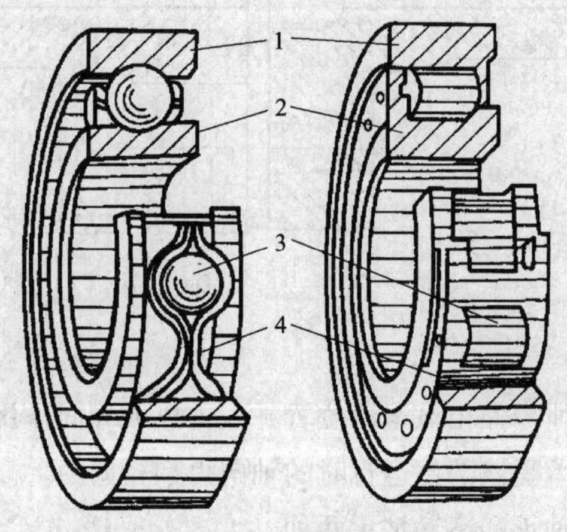

图 1—29 滚动轴承

1—外圈 2—内圈 3—滚动体 4—保持架

水泵机组中常用的滚动轴承有双列向心球面球轴承、角接触球轴承和推力球轴承等。

为了保证水泵机组的正常运行，对高速旋转的轴承必须保持其润滑。轴承润滑的目的是为了减轻工作表面的摩擦，减少磨损，同时还起冷却、防振、吸振等作用。

润滑轴承有多种方法。在水泵机组中，低速、轻载的滑动轴承常采用滴油或油浴润滑，高速重载的滑动轴承则用静压或动压强制压力润滑；滚动轴承一般采用油箱油浴润滑、飞溅润滑或润滑脂定期润滑。不论采用何种润滑方法，也不论用何种润滑油、脂，油质变差必须及时更换，油量减少必须及时补充，否则会因磨损发热而造成能耗上升，甚至损坏机组传动部件。

技能要求

认知传动部件和轴系零件

操作准备

1．实物

（1）通用机械传动部件。传动带、螺栓、齿轮、蜗轮、蜗杆。

（2）水泵常用传动部件。轴（普通泵轴）、键（单圆头平键）、联轴器（弹性圈柱销联轴器）、轴承（滑动轴承、滚动轴承）。

2．图样

对应上述实物的机械零件图。

操作步骤

步骤 1　根据图样找出对应的实物。

步骤 2　根据实物找出对应的图样。

螺栓连接如图 1—30 所示，蜗杆副如图 1—31 所示，整体式径向滑动轴承如图 1—32 所示。

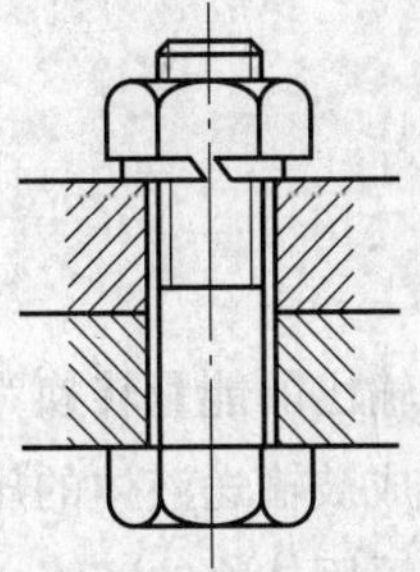

图 1—30　螺栓连接

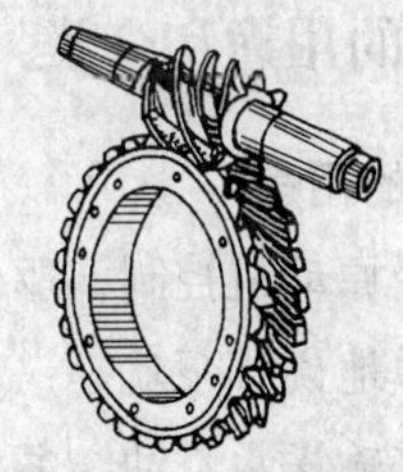

图 1—31　蜗杆副

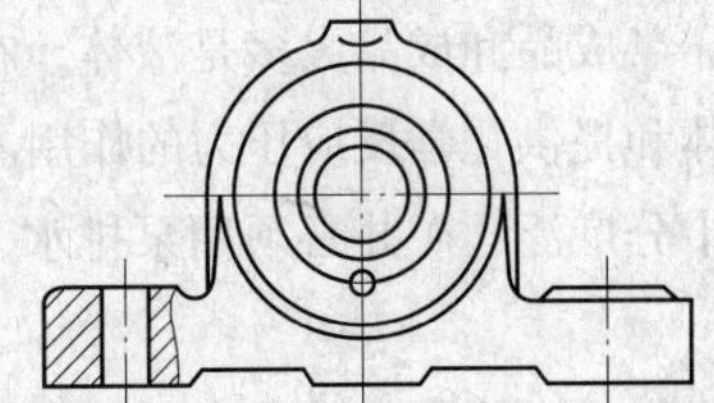

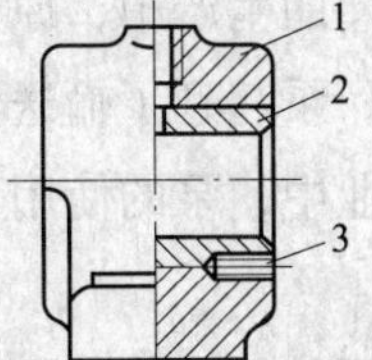

图 1—32　整体式径向滑动轴承

1—滑动轴承座　2—轴套　3—紧固螺钉

第 2 节　水　　泵

学习单元 1　水泵基本知识

学习目标

- 了解水泵的用途和分类
- 熟悉各类水泵的结构特点
- 掌握水泵各部件的作用
- 能识别各类水泵的整机和部件
- 能识别水泵机组传动机构的部件并掌握其连接关系

知识要求

一、水泵的用途和分类

1. 泵和泵的用途

泵是一种受原动机控制，驱使介质运动，并将原动机输出的能量转换为介质压力能的转换装置。简单地说，泵就是一种将原动机的机械能转换成被输送液体的压力能与动能的机械。它可用来输送水、油、酸碱液、悬浊液以及含有悬浮固体物的液体。

泵在国民经济生产各部门的应用非常广泛。

在石油、化工部门的生产中，原料、半成品和成品大多是液体，在将原料制成半成品或成品的工艺过程中，泵起到了输送液体和提供化学反应压力的作用。

在矿山和冶金工业中，泵的使用也十分广泛，矿井必须用泵排水，选矿、冶炼和轧制也离不开泵。

在农业生产中，泵是最主要的排灌机械，农用泵的数量占泵总产量的一半以上。

在国防建设中，飞机起落架的调节、军舰炮塔的转动、潜艇的浮沉都需要泵，大型舰船上泵的数量通常超过百台。

目前，在机泵操作人员人数最多的供排水行业中，泵是输排水过程中不可或缺的主要生产机械。

在供水企业中，水泵机组是整个供水系统正常运转的枢纽：从江河湖泊中取水靠水泵，水质净化中也要用到加药泵、排泥泵、回流泵，净化后的水又靠泵送给用户，输送过程中还可能用到加压泵。正是这一系列不同类型、不同功能的泵机完成了供水的全部流程。

在排水行业中，防汛排水靠轴流泵，污水处理用离心泵，提升污水、污泥用螺旋泵，水泵机组是排水行业生产中不可替代的机电设备。

供排水行业中的机泵操作人员就是在泵站中操作水泵机组输排水或其他介质的。

总之，无论工农业生产还是日常生活，乃至国防军工，到处都会用到泵。泵是使用最为广泛的机械，所以国家把泵列为通用机械，属于机械工业中一类主要产品。

2. 泵的分类

泵的用途广泛，品种规格繁多，对泵的分类方法也各不相同。

（1）按工作原理分类。根据泵不同的工作原理，可将其分为三类。

1）叶片泵。叶片泵靠叶轮带动液体高速旋转，叶片与被输送的液体发生力的相互作用，使液体获得能量，从而达到输送液体的目的。

叶片泵按叶轮和流道结构特点的不同又可分为离心泵、轴流泵、混流泵等类型。

叶片泵由三相异步电动机带动，起动迅速，工作稳定，性能可靠，便于调节。叶片泵节能高效，是供排水行业广泛采用的水泵。

2）容积泵。容积泵是靠工作部件的运动使工作容积周期性增大或缩小而吸排液体，并靠工作部件挤压而使液体压力能增加以达到输送的目的。

容积泵根据运动部件运动方式的不同又可分为往复泵和回转泵两类。按结构不同可分为活塞泵、齿轮泵、隔膜泵、螺杆泵，这些泵在供排水企业中应用于加药、计量以及液压系统等方面。

3）其他类型泵。指叶片泵和容积泵以外的一些水泵，如射流泵、气升泵、水环式真空泵等。供水企业用的加氯机就是用射流泵将氯送到压力水管中的。

这三类泵在工农业生产和日常生活中的应用非常广泛，特别是叶片泵，是这三类泵中拥有数量最多的，比如离心泵就是叶片泵中最典型的一种。

（2）泵的其他分类方法。除了以上按工作原理将泵分为三类之外，水泵还可以按性能、结构、特点等其他方法分类。

1）按泵轴位置分。水泵按泵轴位置分，可分为立式泵和卧式泵两类，比如供水企业常用卧式离心泵取水；排水企业中污水泵站常用立式离心泵输送污水，而雨水泵站则多用立式轴流泵防汛排水。

2）按叶轮进水方式分。水泵按叶轮进水方式，也就是吸口数目分，可分为单吸泵和双吸泵，如单级单吸悬臂式离心泵就广泛应用于工矿企业、城市供水、农田排灌等场合。

3）按叶轮数量分。叶片泵按叶轮数量可分为单级泵和多级泵。多级泵是指在同一根泵轴上安装2个或2个以上叶轮，水在泵内依次流过各个叶轮，获得比在单级泵中更高的能量，从而提高了泵的扬程。

4）按使用特点分。按泵的使用特点可分为长轴深井泵、潜水电泵等。这些泵的应用也很广泛。

二、水泵的型号和铭牌

1. 水泵的型号

不同型号的水泵代表不同结构型式和性能的泵。根据国家规定，泵的型号由汉语拼音字母和数字两部分组成，拼音字母表示泵的类型、结构特点等，数字则表示泵的吸入、吐出口直径以及扬程、流量等参数。同时，由于国外引进产品或某些水泵生产企业自编型号系列，目前水泵型号庞杂繁多，此处只介绍几种常见型号。

（1）单级单吸离心泵。单级单吸离心泵采用1个单吸叶轮，有立式也有卧式，常用型号有IS和GD等。

1）IS型单级单吸悬臂式离心泵。如IS80－65－160。型号中，IS表示符合国际标准ISO2858的单级单吸悬臂式离心泵，80表示泵的吸入口直径为80 mm，65表示泵的吐出口直径为65 mm，160表示泵的叶轮名义直径为160 mm。

2）GD型管道式离心泵。如GD100－32A。型号中，GD表示管道式离心泵，100表示泵吸入口和吐出口直径为100 mm，32表示泵的扬程为32 m，A表示经一次切削。

（2）单级双吸离心泵。单级双吸离心泵的泵体多为水平中开式，泵的进出口与下部泵体铸在一起。常见型号有S、Sh、SA三种。

1）S型单级双吸离心泵。如300S－12。型号中，300表示泵的吸入口直径为300 mm，S表示单级双吸卧式离心泵，12表示水泵扬程为12 m。

2）Sh型单级双吸离心泵。如10Sh－13A。型号中，10表示泵的吸入口直径为10英寸（250 mm），Sh表示单级双吸中开式离心式清水泵，13表示泵比转数的1/10，A表示泵的叶轮外径经一次切削。

3）SA型单级双吸离心泵。如24SA－10A。型号中，24表示泵的吸入口直径为24英寸（600 mm），SA表示单级双吸卧式离心泵。

（3）多级离心泵。多级离心泵一般扬程高、流量小，有立式也有卧式。常见型号有

D、DA、DL、TSWA 等型号，如 200D－43×9。型号中，200 表示泵吸入口直径为 200 mm，D 表示分段式多级离心式清水泵，43 表示单级扬程为 43 m，9 表示泵的级数为 9 级。

（4）轴流泵。轴流泵是大流量、低扬程泵，常用于供排水和电站循环水的输送，常见的型号有 ZLB、QZ 等。

1）ZLB 型轴流泵。如 28ZLB－70。型号中，28 表示泵出水口直径为 28 英寸（700 mm），ZL 表示立式轴流泵，B 表示叶片为半调节式，70 表示泵比转数的 1/10。

2）QZ 型轴流泵。如 350QZ－70。型号中，350 表示泵出水口直径为 350 mm，QZ 表示潜水式轴流泵，70 表示泵比转数的 1/10。

（5）混流泵。混流泵的扬程比轴流泵高，但低于离心泵；流量比离心泵大，但小于轴流泵，常见型号有 HL、HW 等。

1）HL 型混流泵。如 1200HLB－12。型号中，1200 表示泵的出水口直径为1 200 mm，H 表示混流式泵，L 表示泵轴立式结构，B 表示叶片为半调节式，12 表示设计扬程为 12 m。

2）HW 型混流泵。如 300HW－8A。型号中，300 表示水泵进水口直径为 300 mm，H 表示混流式泵，W 表示泵轴卧式结构，8 表示设计扬程为 8 m，A 表示叶轮外径经一次切削。

（6）深井泵

1）普通深井泵。如 10J80×9。型号中，10 表示泵适用的最小井直径为 10 英寸（250 mm），J 表示深井泵，80 表示泵的流量为 80 m^3/h，9 表示泵的级数为 9 级。

2）长轴深井泵。如 250JC30－9.5×6。型号中，250 表示泵适用的最小井筒内径为 250 mm，JC 表示长轴深井清水泵，30 表示泵的流量为 30 m^3/h，9.5 表示泵的设计总扬程为 9.5m，6 表示泵的级数为 6 级。

3）深井潜水泵。如 150QJ－10－50/7 型。型号中，150 表示泵适用的最小井筒内径为 150 mm，QJ 表示井用潜水泵，10 表示泵的设计流量为 10 m^3/h，50 表示泵的设计总扬程为 50 m，7 表示泵的级数为 7 级。

（7）污水泵。污水泵的种类及型号繁多，排水企业排除污水多用此类泵，常见型号有 PW、WQ 等。

1）PW 型单级单吸杂质污水泵。如 14PWL－12。型号中，14 表示泵的出水口直径为 14 英寸（350 mm），PWL 表示立式杂质污水泵，12 表示泵的设计扬程为 12 m。

2）WQ 型潜水排污泵。如 150WQ－200－30－37。型号中，150 表示泵出水口直径为 150 mm，WQ 表示污水潜水泵，200 表示泵的设计流量为 200 m^3/h，30 表示泵的设计扬程为 30 m，37 表示泵配用的电动机功率为 37kW。

由于泵的用途非常广泛，所以品类和规格很多，产品不断更新使得型号不断变化，上述几类只是比较常见的水泵和其型号表示法。

2. 水泵的铭牌

水泵的铭牌是一块记录水泵型号、性能参数和生产厂家及日期的金属标牌。这块标牌钉在水泵的外壳上，其上所示水泵性能参数是机泵操作人员使用、保养和维护水泵的重要依据。

图 1—33 所示为某台离心泵的铭牌。

单级双吸离心泵			
型号	14Sh－13	扬程	43.8 m
流量	1 260 m^3/h	配套功率	230 kW
轴功率	179 kW	转速	1 470 r/min
效率	84%	质量	1 105 kg
允许吸上真空高度	3.5 m	出厂编号	0001－010
出厂日期	2000 年 2 月		
×××水泵厂			

图 1—33　水泵的铭牌

铭牌标明了这台单级双吸离心泵在标准测试条件下，即在 0.1 MPa 的大气压力下输送 20℃的清水时的额定参数。这些数值是水泵机组在额定转速下，水泵效率最高时测得的。

根据这块铭牌可知，水泵机组在电动机功率为 230 kW 时以 1 470 r/min 的转速运行，此时水泵的效率可达 84%，流量为 1 260 m^3/h，扬程为 43.8 m。

三、水泵的结构特点和用途

凡是流体都可以用泵输送。泵在农业水利、石油化工、采矿冶金、建筑发电以及城市供排水等方面都有广泛的应用。

根据不同类型泵的不同特点，参照被输送介质的性质以及泵的流量、扬程、安装高度、操作状态等不同条件，泵可以分为清水泵、热水泵、冷凝泵、污水泵、渣浆泵、泥浆泵、油泵、耐腐蚀泵、船用泵等，可分别应用在不同的生产和生活场合。

1. 离心泵的结构和用途

离心泵是所有水泵中使用最多的一种，在供排水企业中大量使用离心式水泵（见图 1—34）。

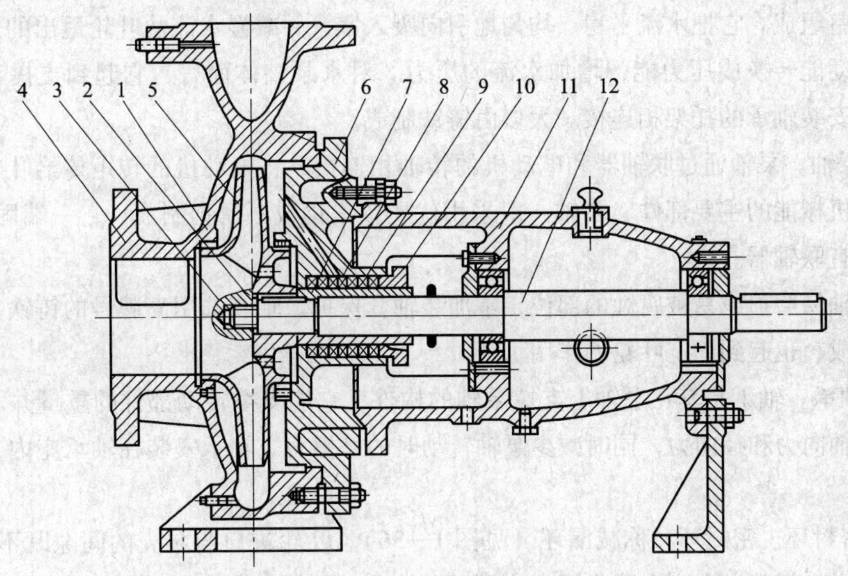

图 1—34 IS 型单级单吸悬臂式离心泵

1—密封环 2—外舌止退垫圈 3—叶轮螺母 4—泵体 5—叶轮 6—泵盖

7—轴套 8—水封环 9—填料 10—填料压盖 11—轴承体 12—泵轴

（1）离心泵的结构。离心泵有很多种类，如立式泵、卧式泵，单级泵、多级泵，单吸泵、双吸泵，清水泵、污水泵。其结构基本相似，都由以下部件组成：

1）叶轮。叶轮是离心泵的核心部分，在运行中转速高，输出力大，所以其材质应具有高强度、抗气蚀、耐冲刷的性能，常用优质的铸铁、铸钢、不锈钢以及磷青铜等材质制成。叶轮的内外表面都很光滑，可以减少运行时水流的摩擦损失，其几何形状、尺寸、所用材料和加工工艺对泵的性能都有影响。叶轮的形式如图 1—35 所示。

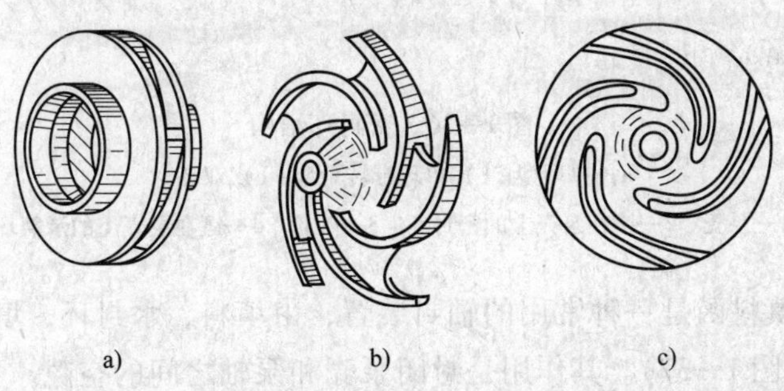

图 1—35 离心泵叶轮的形式

a）开式叶轮 b）半开式叶轮 c）闭式叶轮

2）泵壳。泵壳是水泵的主体，由泵体和泵盖两部分组成。泵体由吸入室、蜗壳形槽道和压出室组成。它把水流平稳、均匀地引向吸入室，并减慢水流从叶轮甩出的速度，把高速水流动能转换成压力能，增加水流的压力。对水泵整体而言，它起到支撑和固定作用，并与安装轴承的托架相连接。大多由铸铁制成。

3）泵轴。泵轴通过联轴器和电动机的转轴相连接，将电动机的转矩传给叶轮，所以它是传递机械能的主要部件。泵轴一般采用优质碳素钢或不锈钢制成，它一端固定叶轮，另一端装有联轴器。

在泵轴易磨损或易被腐蚀的部位，常加装轴套保护。轴套选用高牌号的铸铁、青铜或合金钢制成，也起到固定叶轮的作用。

4）轴承。轴承是套在泵轴上支撑泵轴的构件，它能支撑转动部件的重量并承受泵轴运行时的轴向力和径向力，同时减少泵轴转动时的摩擦力。轴承安装在轴承座内，组成轴承体。

5）密封环。密封环又称减漏环（见图1—36）。叶轮进口与泵壳的间隙既不可过大，又不能太小。间隙过大，会造成泵内高压区的水经此间隙流到低压区，影响泵的出水量；间隙太小，会发生叶轮与泵壳的摩擦，造成磨损甚至发热，损坏水泵，所以，为了增加回流阻力减少内漏，延长叶轮与泵壳使用期限，在泵壳内缘与叶轮外缘结合处装有密封环，密封间隙为0.25～1.1 mm。

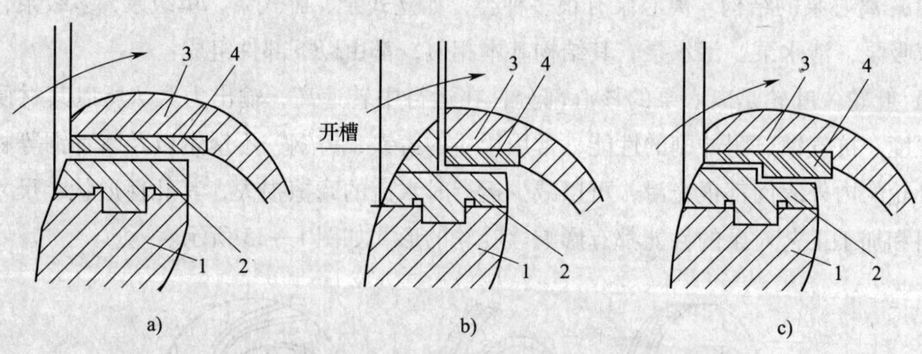

图1—36　密封环结构

a）单环型　b）单环带转角型　c）双环型

1—泵壳　2—镶在泵壳上的密封环　3—叶轮　4—镶在泵壳上的承磨环

6）填料函。填料函是一种常用的轴封装置，由填料、水封环、填料筒、填料压盖、水封管等组成（见图1—37）。其作用是封闭泵壳和泵轴之间的空隙，不让泵内的水流到外面，也不让外部的空气进入泵内，始终保持水泵内的真空状态。当泵轴和填料摩擦发热时，水封管注水到水封环内，使填料冷却，保持水泵正常运行。

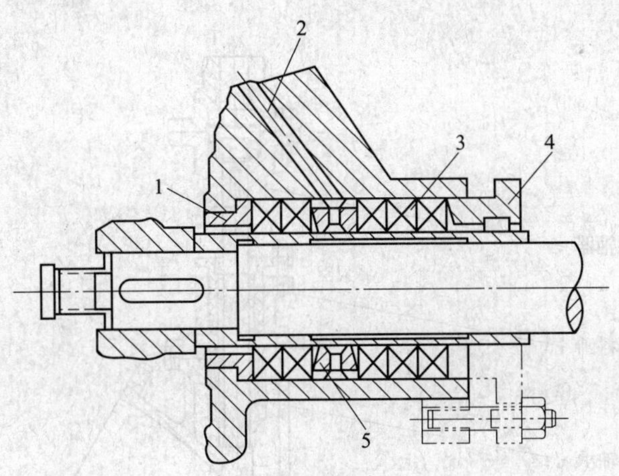

图 1—37 填料函

1—底衬环 2—水封管 3—填料 4—填料压盖 5—水封环

填料安装完毕后应拧紧填料压盖，压盖对填料作轴向压缩，同时由于填料塑性的作用而产生了径向力，使其与泵轴紧密接触，达到轴封的目的。

目前除填料密封外，轴封装置也大量使用机械密封（见图 1—38）。

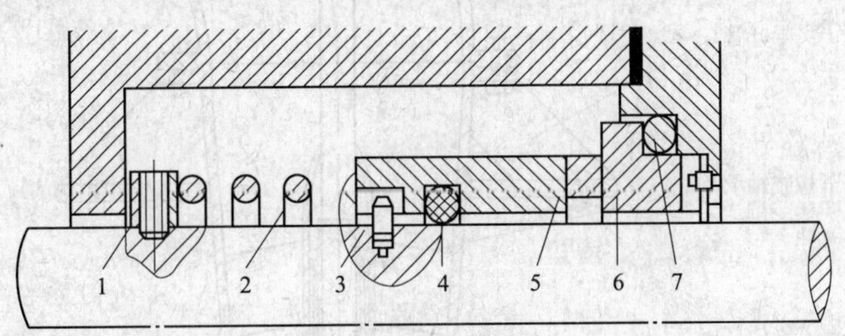

图 1—38 机械密封

1—弹簧座 2—弹簧 3—传动销 4—动环密封圈 5—动环 6—静环 7—静环密封圈

（2）离心泵的用途。离心泵是叶片泵一种，种类多，使用广泛。其特点是扬程高、流量小，所以适用于要求扬程较高且流量不大的场所。

城市供水一般要求泵的扬程在 20 ~ 100 m，选用离心泵非常合适。

2. 轴流泵的结构和用途

轴流泵是一种利用叶轮旋转对水体产生推力（升力）工作的大流量、低扬程水泵，有立式、卧式、斜式等种类。其结构和用途都与离心泵有不同之处。

（1）轴流泵的结构。轴流泵的组成部件有喇叭管、叶轮、导叶管、泵轴、轴承、填料函、叶轮外圈、联轴器等（见图 1—39）。

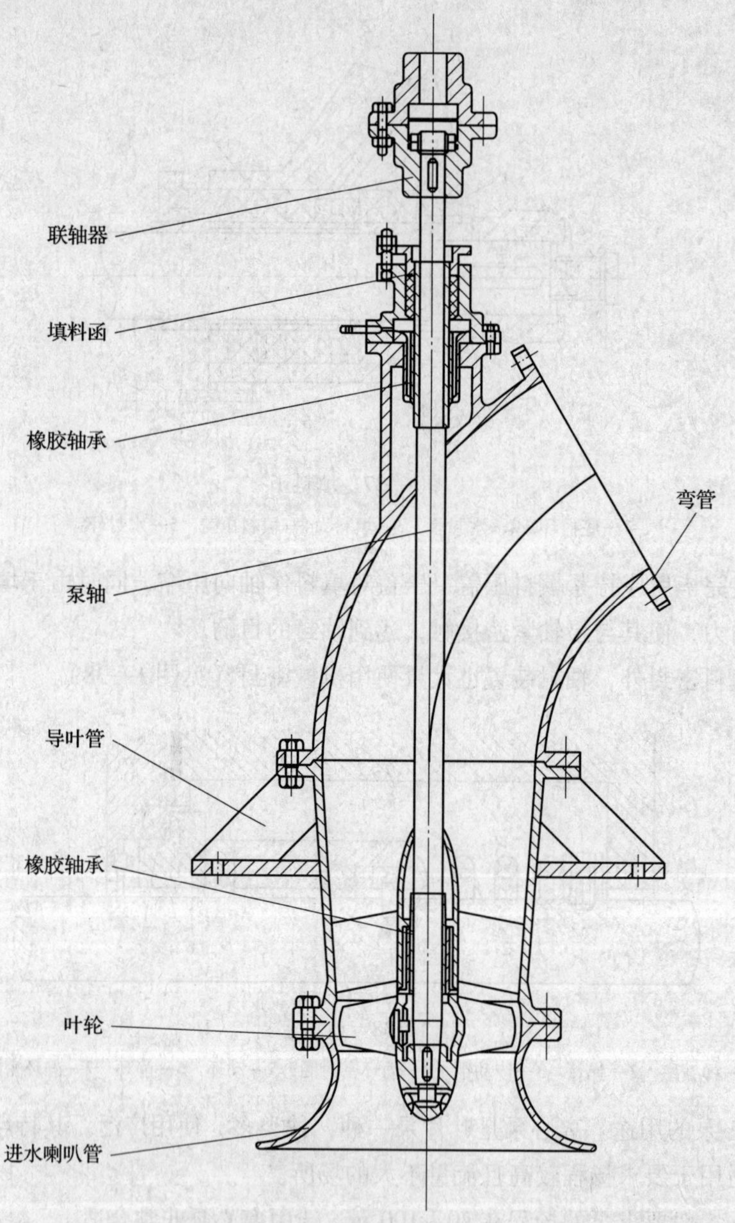

图 1—39　轴流泵的结构

1）喇叭管。喇叭管是轴流泵的吸水管，通常用铸铁制成，其作用是把水均匀地引向叶轮。大型轴流泵常用进水导流槽替代喇叭管使用。

2）叶轮。叶轮是轴流泵的主要工作部件，由叶片、轮毂、导水锥组成。轴流泵的叶片一般为 2 ~6 片，根据叶片的可调性能分为固定式、半调节式和全调节式三种。固定式的叶片与轮毂铸为一体，叶片安装角度不能调节；半调节式的叶片用螺栓、螺母和定位销固定在轮毂上，要调节叶片的角度须停机拆卸叶轮之后才能操作；全调节式的叶片是通过机械或液压调节装置来调节叶片安装角度的。中小型轴流泵多采用半调节式叶片结构（见图 1—40）。

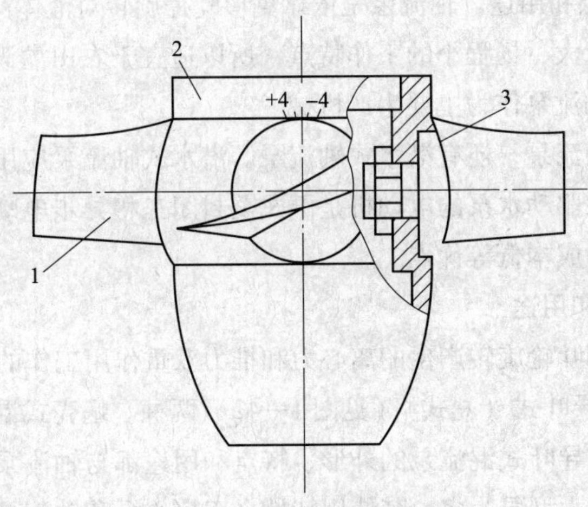

图 1—40　半调式叶片结构

1—叶片　2—轮毂体　3—调节螺母

3）导叶管。导叶管用以消除水流的旋转运动，减少水头损失，并将水流部分动能转变为压力能。轴流泵中一般装有 6 ~ 12 片导叶，导叶管安装于叶轮上方。

4）泵轴。轴流泵的泵轴是传递转矩、支撑叶轮转动的部件，下端固定叶轮，上端从出水弯管穿出，借联轴器与电动机的转轴相连。制造泵轴的材料要有足够的刚度和强度，同时，在穿过出水弯管处的填料函和与轴承接触部位常装有轴套或涂以金属涂层作为保护。

5）轴承。轴流泵主要用两种轴承。橡胶轴承用于支撑泵轴旋转的径向力，推力球轴承则承受泵轴旋转的轴向力。

6）填料函。轴流泵的填料函设置在泵轴穿出出水弯管处，内有填料密封装置，其构造、作用与离心泵的填料函相似。

7）叶轮外圈。轴流泵的叶轮外圈安装在喇叭口与导叶管之间，与叶轮成间隙配合，用铸铁制造，呈圆弧形。中、小型轴流泵通常将叶轮外圈的一半做在喇叭口上，另一半做在导叶管上；大型轴流泵则做一个独立的分半式短管，连接在喇叭口与导叶管间。

8）联轴器。联轴器是连接两轴或轴与回转件，在传递运动和动力过程中一同回转的一种装置，在正常情况下不会脱开，可以传递轴向力和扭矩。

联轴器可分为刚性联轴器和弹性联轴器。由于刚性联轴器在安装时的对中要求很高，所以在频繁起动、高速运转、两轴要求高且对中困难的水泵机组中常采用弹性联轴器。

弹性联轴器的特点是：在两个半联轴器的中间设置弹性元件，通过弹性元件的弹性形变来补偿两轴同心度的偏差。水泵机组中常采用的弹性联轴器有尼龙柱销联轴器、弹性圈柱销联轴器和爪形弹性联轴器。

(2) 轴流泵的特点和用途。轴流泵是依靠翼形叶片旋转对液体产生轴向推压作用而进行工作的。它具有流量大、扬程小的工作特点，所以适宜于农田灌溉和防汛排涝，排水行业的雨水泵站多选用轴流泵作为主要生产机械。

除了常见的立式轴流泵，还有潜水式轴流泵。潜水式轴流泵应用于工作环境需要安静的场所。潜水式轴流泵驱动水泵的电动机是干式全封闭三相异步电动机，可以长期浸在水中运行，有工作可靠、成本低等优点。

3. 混流泵的结构和用途

混流泵是一种利用叶轮旋转产生的离心力和推力双重作用工作的机泵，有蜗壳式（卧式）（见图1—41）和导叶式（立式）（见图1—42）两种。蜗壳式混流泵的外形、特点和用途都与离心泵相似，导叶式混流泵的外形、特点和用途都与轴流泵相似。一般蜗壳式为中小型泵，导叶式则以大型泵为多。其使用特性介于离心泵和轴流泵之间，与离心泵相比扬程低一些，流量大一些；与轴流泵相比，则扬程高一些，但流量小一些。

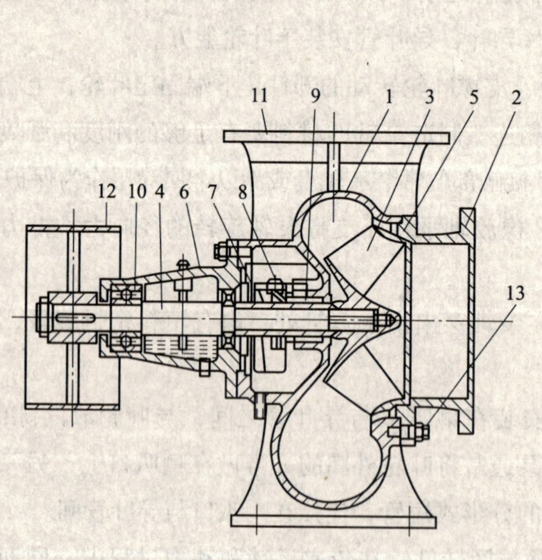

图1—41 蜗壳式混流泵

1—泵壳 2—泵盖 3—叶轮 4—泵轴 5—减漏环 6—轴承盒 7—轴套 8—填料压盖 9—填料 10—滚动轴承 11—出水口 12—带轮 13—双头螺栓

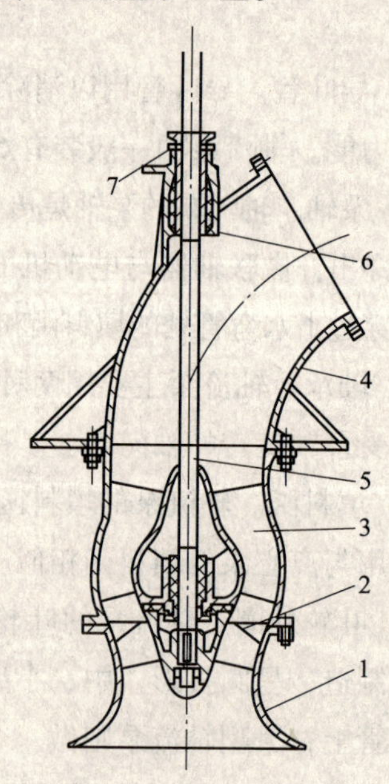

图1—42 导叶式混流泵

1—进水喇叭管 2—叶轮 3—导叶管 4—出水弯管 5—泵轴 6—橡胶轴承 7—轴封装置

混流泵兼有离心泵和轴流泵的优点，其结构简单，使用方便，高效区宽，适用于平原或丘陵地区的农田灌溉。目前在水利和大型排水泵站中使用很多。比如某大型混流泵，叶轮直径达5.7 m，流量为80～100 m^3/s，扬程为6～12 m，转速为75 r/min，配套电动机功率为7 000 kW，其效率可达92.1%。

由于混流泵的优点明显，选择余地大，所以将部分地替代离心泵和轴流泵使用。

4. 潜水泵

潜水泵是一种能长期浸在水中运转的水泵和电动机联合体，可应用于各种场合，适应不同环境。

离心泵、混流泵、轴流泵都可制成潜水泵。

潜水泵的驱动电动机与水泵共用一根轴而构成一个整体。其结构有耦合式和井筒式两种。耦合式适用于潜水离心泵和混流泵，井筒式适用于潜水轴流泵和混流泵。

潜水泵操作方便，易于实现遥控和自动控制。

由于潜水泵的结构特性主要取决于驱动电动机，所以潜水泵往往按电动机的结构特点分类。

（1）干式潜水泵。干式潜水泵不允许水或其他被输送介质进入电动机内腔，要求电动机轴封严密，但其结构可靠性差（见图1—43）。

（2）半干式潜水泵。半干式潜水泵的电动机定子用屏蔽套封闭，这种屏蔽套保证电动机结构可靠，也保证转子在介质中正常工作。

（3）充油式潜水泵。充油式潜水泵的电动机内部充满了变压器油或锭子油，不适宜抽吸饮用水。充入的锭子油除了防水防潮，还能起到绝缘、冷却、润滑的作用。

（4）充气式潜水泵。充气式潜水泵是靠气垫密封的，其密封结构是气封，所以又称

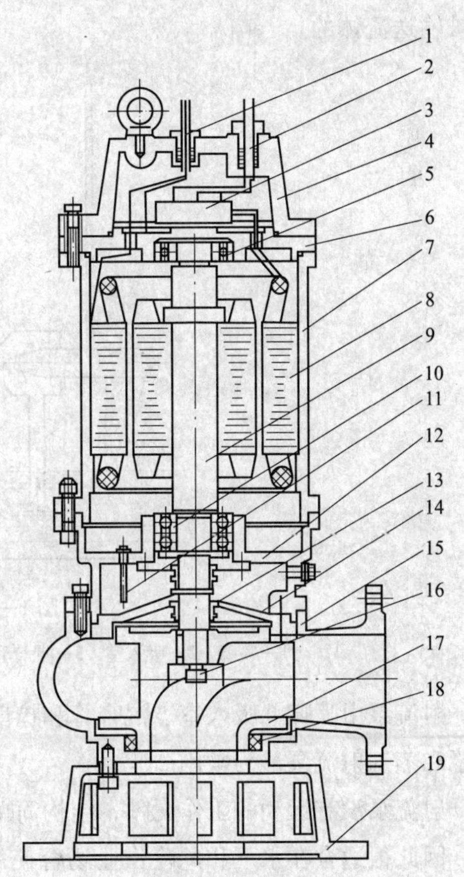

图1—43 潜水泵

1—信号线 2—电动机接线 3—接线盒 4—电动机盖 5—轴承 6—上轴座 7—电动机壳 8—定子 9—轴（转子） 10—轴承 11—油水探头 12—油室 13—机械密封 14—后盖板 15—泵体 16—叶轮螺栓 17—叶轮 18—密封环 19—底盘

气垫密封潜水泵，在泄水孔与电动机下轴承之间的一段空间称为气封室。

（5）湿式潜水泵。湿式潜水泵允许水直接进入电动机腔，所以对轴封基本没有要求。但湿式潜水泵的定子要求采用耐水绝缘导线。

5. 其他水泵

水泵的型式很多，除上述类型外，还有射流泵、往复泵、气升泵、螺旋泵、水环式真空泵、插桶泵等。

（1）射流泵（见图1—44）。射流泵是一种通过喷射流体进行能量交换，传递能量，实现抽、吸、混合与输送流体的泵。它是依靠一定压力的工作流体，通过喷嘴高速喷出带走被输送流体的。

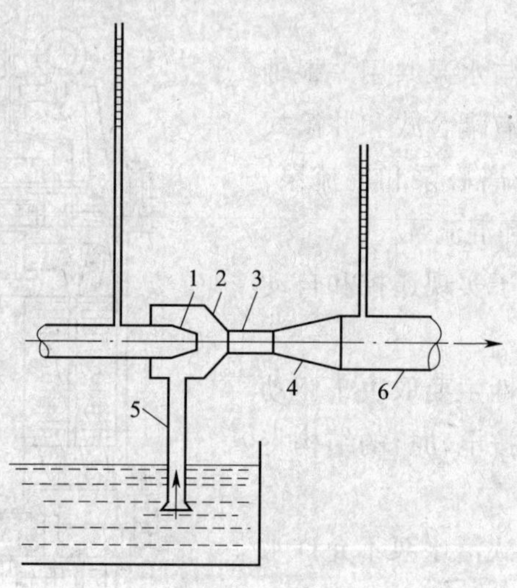

图1—44　射流泵

1—喷嘴　2—吸入室　3—混合管　4—扩散管　5—吸水管　6—压出管

射流泵由喷嘴、吸入室、混合管和扩散管等组成。主要用于输送液体和气体，以水射流泵和蒸气射流泵最为常用。

射流泵没有运动的工作元件，结构简单、工作可靠、无泄漏、节能，也不需要专人看管，因此很适合在水下和危险作业场合使用。其不足之处是效率较低。射流泵用途广泛，供排水行业也有使用。

（2）往复泵（见图1—45）。往复泵是依靠活塞、柱塞或隔膜在泵缸内往复运动，使缸内工作容积交替增大或缩小来输送液体或使之增压的一种高扬程、小流量容积式泵。

往复泵通常由泵缸、活塞和吸、压水阀组成，其特点是效率高，而且高效区宽，自吸能力强，压力很高且不影响流量，但结构比较复杂，制作成本较高。

往复泵用途广泛，如石油矿场、锅炉给水、水压机的高压供水等都采用往复泵。

（3）气升泵（见图1—46）。气升泵是以压缩空气为动力来提升水、液或提升矿浆的一种气举升装置，由扬水管、输水管、喷嘴和气水分离箱等部分组成。

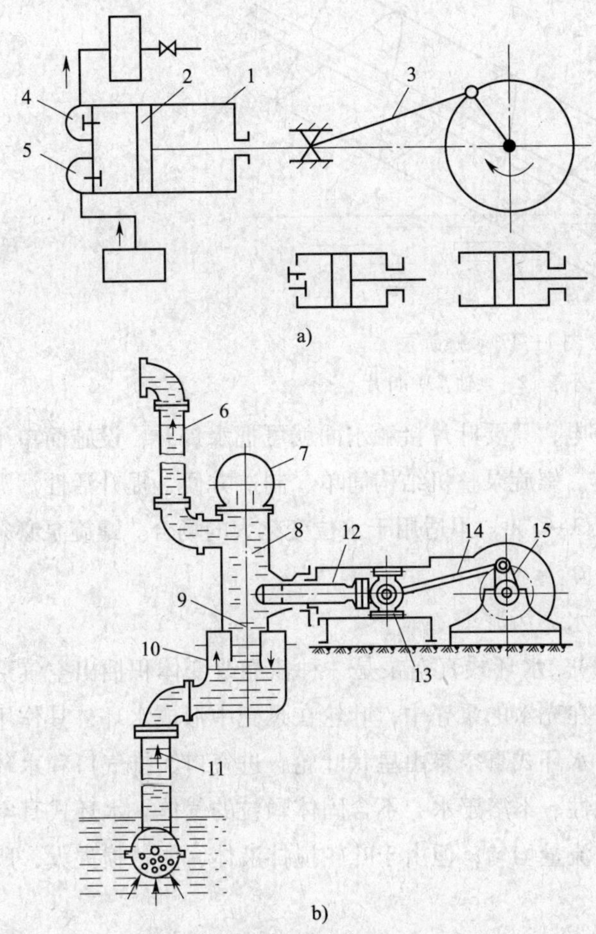

图1—45　往复泵

a）工作原理　b）结构示意

1—汽缸　2—活塞　3—连杆机构　4—排气阀　5—吸气阀　6—压水管路　7—压水空气室　8—压水阀　9—吸水阀　10—吸水空气室　11—吸水管路　12—柱塞　13—滑块　14—连杆　15—曲柄

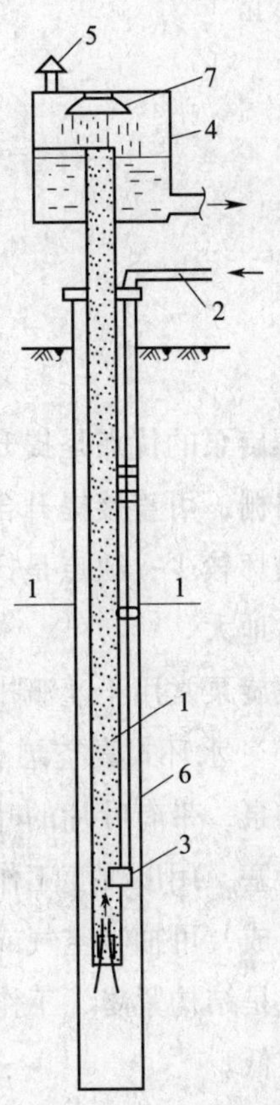

图1—46　气升泵

1—扬水管　2—输气管　3—喷嘴　4—气水分离箱　5—排气孔　6—井管　7—伞形钟罩

气升泵的特点是构造简单、工作可靠，不但可用于井孔抽水，还可用于提升泥浆、矿浆、卤液等流体，缺点是与一般深井泵相比效率较低，常应用在排水工程的回流污泥提升及矿山、采油和矿井排水等方面。

（4）螺旋泵（见图1—47）。螺旋泵是一种利用螺杆旋转使工作室呈周期性变化的低扬程容积式泵。螺旋泵由变速装置、泵轴、叶片、轴承体和外壳组成。

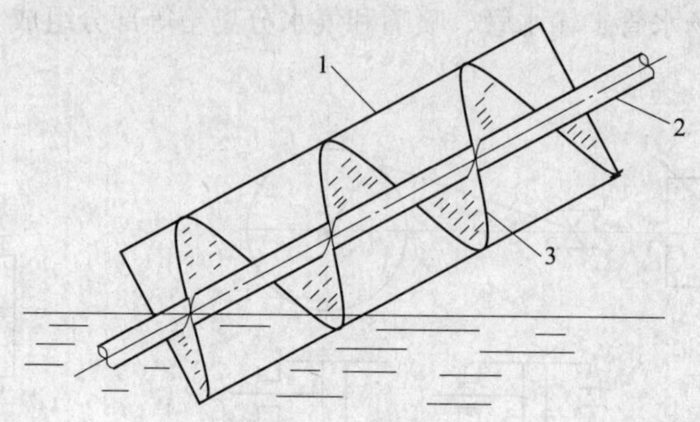

图1—47　螺旋泵

1—外壳　2—泵轴　3—叶片

螺旋泵的优点是提升流量大、节电，只要叶片接触水面就可把水提升，设施简单不需要设格栅，可直接提升含杂质的流体。螺旋泵整机结构简单、制造方便，提升活性污泥对绒絮破坏较少；缺点是扬程较低，仅3～6 m，不适用于水位变化大的场合。螺旋泵必须斜装，占地大。

螺旋泵常用于灌溉排涝和提升污水、污泥。

（5）水环式真空泵（见图1—48）。水环式真空泵是一种依靠改变体积抽出空气形成真空的泵，带有叶片的叶轮偏心安装在充水的泵壳中，叶轮在泵壳中形成水环，其作用相当于活塞，用以改变工作室的体积。水环式真空泵由星状叶轮、进气口、排气口和水环等部件组成，可抽吸空气或其他无腐蚀性、不溶于水、不含固体颗粒的气体。水环式真空泵的特点是结构紧凑、工作平稳可靠、流量均匀，但由于叶轮搅拌液体，能量损失大，所以效率很低。

图1—48　水环式真空泵

水环式真空泵常用于石油、化工、制药、食品等方面，特别是在化工生产中常用于输送或抽吸易燃、易爆和有腐蚀性的气体。

（6）插桶泵（见图 1—49）。插桶泵是一种轻便型管式轴流泵，由泵管、轴承体、传动轴、转子等组成，可以直接插入物料桶中抽取桶中液体。

插桶泵体积很小，效率高，使用、维护方便，广泛应用于各种不同黏度的化学液体、易燃易爆液体的输送，具有防爆、耐腐、防沉淀、低噪声、节能等特点。

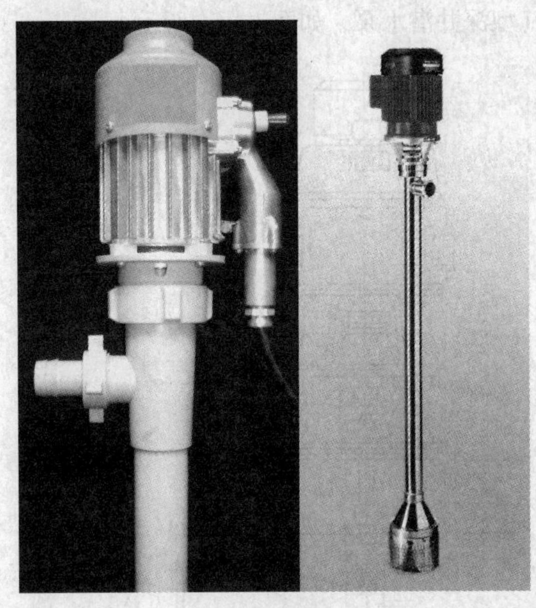

图 1—49　插桶泵

技能要求

认知各类水泵及其传动机构

操作准备

1. 离心泵整机的实物和图样，以及解体的各部件实物。
2. 轴流泵整机的实物和图样，以及解体的各部件实物。
3. 混流泵整机的实物和图样，以及解体的各部件实物。
4. 潜水泵整机的实物和图样，以及解体的各部件实物。
5. 射流泵、气升泵、往复泵、螺旋泵、水环式真空泵、插桶泵的整机实物和图样。
6. 泵轴、轴承（滑动轴承、滚动轴承、橡胶轴承）、联轴器、平键、销及其图样。

操作步骤

步骤 1 认知各类水泵整机，并与图样对照比较。

步骤 2 认知离心泵、轴流泵、混流泵、潜水泵的各部件。

步骤 3 认知水泵机组传动机构的各部件，并与图样对照比较。

附上述所列水泵整机及机组传动机构部件的图样。部分泵的图样前文已有。

轴流泵整机可用 ZLB 型立式轴流泵，如图 1—50 所示。

潜水泵整机可用 QJ 型深井潜水泵，如图 1—51 所示。

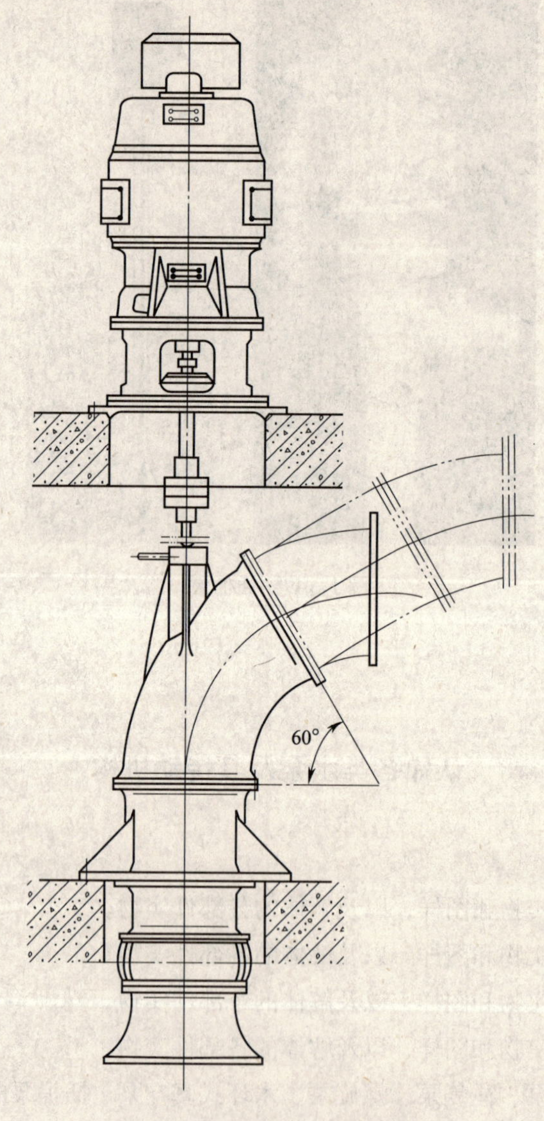

图 1—50 ZLB 型立式轴流泵机

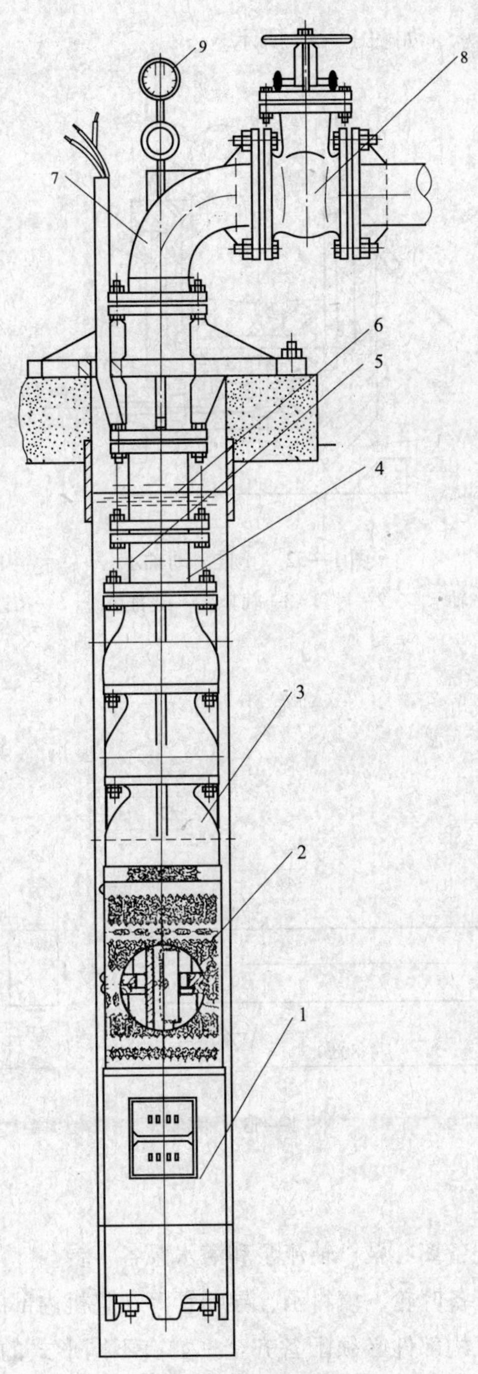

图 1—51　QJ 型深井潜水泵机

1—潜水电动机　2—滤网（进水口）　3—潜水泵　4—出水管　5—潜水电动机电缆

6—动水位　7—弯头　8—阀门　9—压力表

轴承可用止推滑动轴承，如图 1—52 所示。

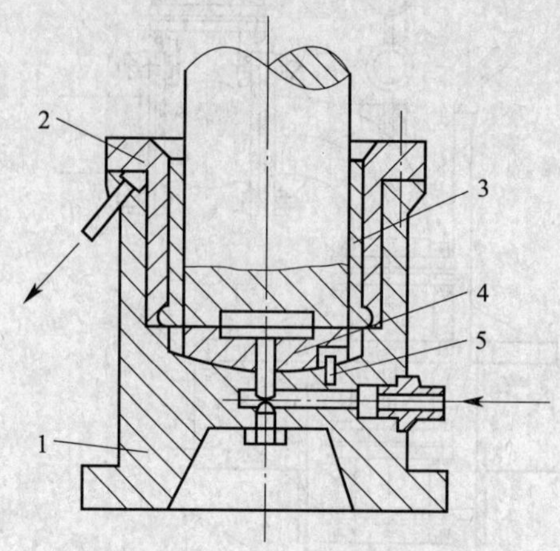

图 1—52　止推滑动轴承

1—轴承座　2—衬套　3—轴套　4—止推垫圈　5—销钉

平键如图 1—53 所示。

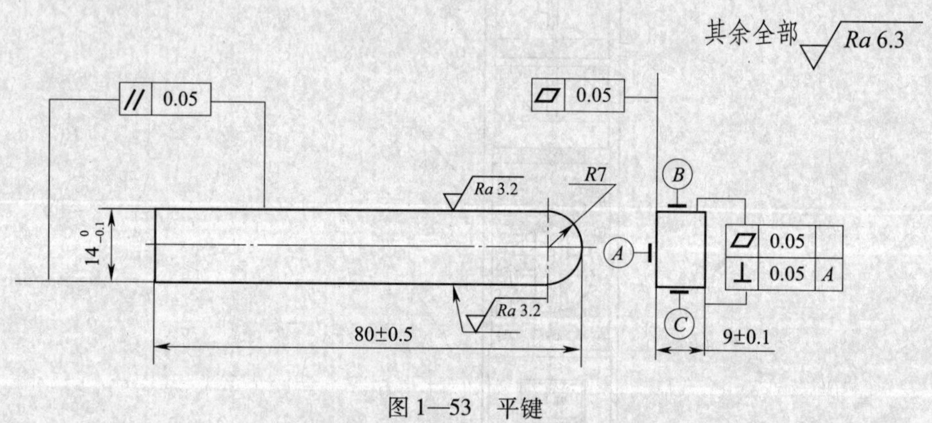

图 1—53　平键

注意事项

1．水泵整机至少应配备离心泵、轴流泵和潜水泵各 1 台。

2．水泵部件至少应配备叶轮、填料函、导叶管等在整机内部的部件。

3．水泵机组的传动机构部件必须配备齐全，如有不同形式的联轴器或轴承、轴承体都可列入教学范围。

学习单元 2　水泵机组的运行

学习目标

➢掌握各类水泵机组起动前后、运行中及停泵后的工作要点

➢能够熟练地操作水泵机组的起动和停止，并能正确地巡视检查

知识要求

一、水泵机组起动前的准备工作

1. 离心泵机组起动前的准备工作

离心泵机组指离心泵及其相配套的三相异步电动机。整个机组的运行涉及泵站内的各种设备，如配电设备、抽真空或灌水装置、进出水管道上所装设的各种阀门和计量仪表等。

（1）三相异步电动机起动前的准备

1）检查三相电源的电压是否符合规定［电压值在 380（1 ±0.1）V 之内，三相电压不平衡值小于 5%］。

2）检查起动装置的位置（或信号）是否正确。

3）检查轴承油箱内油位是否在油标的正常位置，油色是否清澈，如用油脂润滑的轴承，应定期加注油脂。

4）如果电动机较长一段时间没运转（10 天左右），必须用兆欧表测量外壳与绕组间的绝缘电阻，低压电动机的绝缘电阻应不小于 1 MΩ。

5）检查接线盒内的接线是否符合要求，接触是否良好。

6）检查电动机各连接处的螺母是否紧固，接地是否可靠。

7）检查大型电动机的冷却系统是否正常。

（2）水泵运行前的准备工作

1）检查水泵与机组其他部件的连接螺栓是否紧固。

2）检查填料压板是否平整，开泵前应稍松压板螺母。

3）如果水泵机组较长时间（7 天以上）没运行，应先盘动泵轴，检查泵轴转动是否灵活，有无卡阻现象。

4）检查清水池或吸水井的水位是否允许起动机组运行。

5）检查进水阀门是否开启，出水阀门是否关闭。

6）检查压力表阀门是否关闭，待起动后再慢慢打开。

7）起动抽真空装置将泵内空气抽出，如泵的吸水管装有底阀，应向泵内注水以排净空气，排气后关闭注水节门。

8）检查密封润滑调节节门是否开启。

2. 轴流泵机组起动前的准备工作

（1）集水池与闸门井的检查

1）检查进水闸门是否全开。

2）检查集水池水位是否高于停泵水位。

3）检查格栅除污机是否完好。

4）检查垃圾输送机和压榨机是否完好。

（2）三相异步电动机的检查

1）检查接线盒内三相接线、六个接线柱连接是否牢固。

2）检查各处螺母是否紧固，接地是否可靠。

3）检查电动机内外有无杂物影响运转。

4）检查上、下轴承油箱内的油位是否在油标的正常位置，油色是否清澈，如用油脂润滑则应定期加注。

5）低压电动机若有一段时间没运转（10 天左右），应用兆欧表检测电动机外壳与绕组间的绝缘电阻是否在 1 MΩ 以上。

（3）水泵的检查

1）检查水泵与机组各连接部位的螺栓是否紧固，有无松动。

2）检查联轴器的螺栓是否紧固，弹性联轴器的间隙是否符合要求。

3）检查填料压板是否平整，开泵前应使压板稍有松动。

4）对较长时间未运行的水泵，在起动前应先盘泵，检查泵轴转动是否灵活，有无卡阻现象。

（4）配电设备和仪表的检查

1）检查三相电压是否正常［380（1 ±0.1）V］。

2）旋转电压换相开关，检查三相电压有无缺相，是否平衡。

3）检查电流表指针是否在“0”位，如有偏移应调整指针到“0”位。

3. 潜水泵机组起动前的准备工作

(1) 检查三相电压数值和平衡状态是否在规定范围内。

(2) 检查供、排水管道与机组的连接是否牢固。

(3) 检查阀门开关位置是否正确（排水阀门应处于开启状态，室内出水阀门应处于关闭 3/4 状态，室外检修阀门应处于关闭状态）。

(4) 多天未开启的水泵机组应检查电动机的绝缘电阻是否符合规定值。

(5) 检查报警装置的状态指示是否正常。

各类水泵机组起动前的准备工作差异不大，只要操作人员全面考虑集水池、配电设备、仪表、电动机、水泵、管道、阀门等方面的一些要素，开泵前不盲目接通电源，按下按钮。

二、水泵机组的起动

1. 离心泵机组的起动

(1) 完成开启水泵机组的准备工作后，经值班调度或有关负责人下达起动指令，方可起动。

(2) 按下起动按钮时要一按到位，同时注视电流表的变化。由于是全压起动，电流表指针往往会打至满刻度，然后回摆到小于电动机额定电流的位置。

(3) 听电动机起动和机组运行的声音是否正常。

(4) 打开压力表阀门，注意压力是否正常。

(5) 达到额定转速时开启出水阀门。

(6) 检查轴承的油环是否带油，轴承转动的声音是否正常。

(7) 检查水泵填料的滴水是否正常，过大或过小要当场调节。

(8) 检查水泵机组及管路的振动是否正常。

(9) 看水泵的出水流量计指示是否正常。

(10) 根据值勤表的要求填写开泵记录。

2. 其他水泵机组的起动

在操作规范和电气仪表方面，任何水泵机组起动的操作方法和注意事项与离心泵机组都类似，听声音、看电流是操作人员必须十分重视的。机泵操作人员只要从事开启水泵机组这项工作一段时间，就应对日常操作的机组的特性、差异有所了解，有经验的操作人员看电压表、电流表，听泵机运转的声音就能正确判断机组起动是否正常。

(1) 轴流泵机组的起动。轴流泵机组起动不同于离心泵的就是不必观察管路和阀门的情况以及压力表、流量计的指示，只要注意集水池水位即可。

（2）潜水泵机组的起动。通常配套11 kW以下电动机的潜水泵可直接起动，13 kW以上的电动机就应采用降压起动以保证机组的安全运行。

（3）螺旋泵机组的起动。螺旋泵机组应在吸、排停止阀全开的情况下起动机组运行，以免过载或吸空。

三、水泵机组运行中的巡视和检查

1. 离心泵机组运行中的巡视和检查

离心泵机组在运行中，一般要求每小时巡视一次，要做到眼看、耳听、鼻闻、手摸。

眼看指看电压表、电流表指示的数值，要求电压值和三相电压平衡的情况符合规定；看电流表指示的数值是否正常；还要看集水池水位。

耳听指听水泵机组运行的声音。

鼻闻指闻电动机有无异常气味。

手摸指摸电动机外壳的温度。

具体说，巡视检查的内容包括以下几方面：

（1）注意清水池或吸水井的水位。根据一般的工艺要求，泵站的吸水井都有最低水位的规定，如果水位过低会造成水泵气蚀或抽不上水。

（2）注意水泵机组的振动和声音

1）机组的振动。机组的振动有国家标准，但机泵操作人员一般只能凭经验感觉，可检查机组连接处的螺栓是否松动，若发觉振动过大，应立即停机检查。

2）机组运行的声音。机组运行正常时发出的声音是连续的，没有刺耳的金属声响。巡视中应注意轴承的声响、水泵的声响和电动机的声响。注意轴承是否有损坏，水泵是否有气蚀现象或夹进杂物，电动机是否有不正常的摩擦声。这些判断的敏感性、正确性主要还是靠操作人员经验的积累。

（3）注意水泵机组温度的变化。机组的温度主要指电动机的温度、轴承的温度和填料的温度。

1）电动机的温度。一般大型电动机内装有温度传感器，可随时观察电动机的温度；中、小型电动机没有测温装置，只能凭操作人员的手感。通常，人对60℃以上的物体会有“烫”的感觉，凭经验可得知电动机的温度是否在正常范围。

2）轴承的温度。通常，滑动轴承的温度不得超过70℃，滚动轴承的温度不得超过75℃。大型水泵轴承部位装设温度传感器，巡视时可随时看到该部位的温度情况，但中、小型水泵还需靠操作人的经验和感觉。

3）填料的温度。填料的温度不能烫手，巡检时要加以注意，一旦发觉填料温度过高，应判断为冷却系统出了问题或填料压盖压得太紧。因此，水泵机组运行时要注意填料函的滴水状态应为“滴水不成线”。

（4）注意电动机运转时的电流情况。电动机正常运转时的电流强度一般不应超过其额定电流，除此之外，还要检查三相不平衡电流不得超过10%，同时冷却温度对运行电流也有很大的影响。

注意，电动机在运行过程中电流和温度是主要巡检项目，要勤记录每台电动机的电流和温度的数值。

（5）注意电动机的运行电压。电动机运行时电压变动范围限于380（1±0.1）V，三相最大不平衡线电压不得超过5%。

（6）注意水泵的压力和真空度。真空度和压力是用来测试水泵扬程的，真空表指示水泵的吸入压力（低压），压力表指示水泵的出水压力（高压），这两个数值又是计算水泵机组综合单位电耗的必要依据，必须正确记录。

（7）注意记录电量和水量。水泵的输入功率用电度表可以测量，水泵的流量可由流量计测量。根据这两个数据，操作人员可以判断水泵机组运行是否正常，效率是否符合要求，供水方式是否合理等。

总之，离心泵机组在运行中，操作人员必须按时巡检，认真记录。机泵操作人员的工作强度不高，也没有过高的技术要求，但工作的责任十分重大，绝不可掉以轻心，同时，要注意经验的积累，在实践中不断提高操作和管理技能。

2. 轴流泵机组运行中的巡视和检查

（1）集水池和闸门井的巡视和检查

1）检查集水池内水流是否均衡，水位是否高于停泵水位。

2）当内外水位差达30 cm时，须起动格栅除污机清捞垃圾。

3）检查垃圾输送机和垃圾压榨机是否联动，工作是否正常。

（2）配电设备和仪表的巡视和检查

1）检查电压表的指示值是否在380（1±0.1）V的范围内，同时检查三相电压是否平衡。

2）检查电流表的指示值是否在额定值的范围内。

3）检查功率因数表的指示值是否符合要求。

4）检查开关柜内的电气设备，听有无异常噪声。

（3）电动机的巡视和检查

1）听电动机运行中有无异常声响。

2）摸电动机外壳温度是否正常。

3）闻电动机有无焦臭气味。

4）看电动机有无异常振动。

5）检查三相接线电缆温度是否均匀。

（4）水泵和传动机构的巡视和检查

1）检查轴承，听运行中的轴承有无异声，轴承温度是否正常，油箱有无渗漏现象。

2）检查弹性联轴器有无橡胶粉末掉落。

3）检查填料函是否发热，滴水是否正常。

4）检查泵体及管道各连接处有无渗漏水。

5）检查水泵各处螺栓有无松动或脱落。

6）听水泵运行时有无异常振动声或其他噪声。

3. 潜水泵机组运行中的巡视和检查

（1）检查潜水泵出水量是否正常，有无间隙性出水现象。

（2）检查机组在运行中有无明显的振动和异常噪声。

（3）检查电网电压，如果运行时的电压低于额定电压的95%就应停机检查。

（4）检查正常工作电流是否高出额定电流，如果工作电流突然高出额定电流就应停机检查。

（5）检查电路各节点有无发热。

（6）对于自控泵站，则必须检查控制柜上“电动机过载”“定子泄漏”“绕组超温”“轴承超温”等指示黄灯，如果其中任何一个黄灯报警，这台水泵机组就会自动停止运行。

水泵品类繁多，其他水泵机组运行时也都应该按规定的时间巡视检查，检查内容和要求与上述几种泵机基本一致。机泵操作人员应积累经验，加强学习，提高工作责任心。

四、水泵机组停机操作及停机后的工作

1. 离心泵机组的停机操作及停机后的工作

离心泵机组停机必须得到值班调度或有关负责人的指令才可执行，停止泵机运行必须按照规程操作。

（1）缓慢关闭出水阀门，以防水流速度急剧减小造成水锤事故。

（2）按动切断按钮，停止水泵机组运行。停机时若泵轴反转且速度过快，应调整止回阀。

(3) 关闭压力表和冷却水阀门。如果停泵时间较长须将泵体和表管内剩水排空。

(4) 抄录流量计和电度表底数，填写停机记录。

(5) 做好水泵机组及周围环境的清洁卫生工作。

2. 轴流泵机组停机操作及停机后的工作

当接到调度停机指令，或集水池水位低至停泵水位时，应停止水泵机组运行，如果水位继续下降至技术水位时，则必须立即停机。不论哪种情况下停止轴流泵机组运行，都须遵照操作规程执行。

(1) 按下动断按钮，停止电动机运转，红色指示灯熄灭，绿色指示灯点亮。

(2) 注意电动机惯性转动时间是否正常。

(3) 听拍门关闭响声是否正常。

(4) 停止运行格栅除污机，并延时 5 min 和 7 min 后分别停止垃圾输送机和压榨机的运行。

(5) 启闭相应的闸门。

(6) 检查配电屏所有开关设备和开关板式仪表是否恢复到开泵前的状态，电源指示是否正常。

(7) 适当紧固水泵的填料压板螺母。

(8) 做好水泵机组清洁保养工作和环境卫生工作。

(9) 按要求填写停泵记录。

其他水泵机组的停机操作和停机后的工作与离心泵、轴流泵机组大致相同，只要充分理解水泵机组的特点和操作要领，认真实践，定能做到一通百通。

技能要求

离心泵机组开停泵环境巡检

操作准备

1. 识读某泵站（设备为离心泵机组）立面图（见图 1—54）。

2. 理解开泵环境模拟图（见图 1—55）和停泵环境模拟图（见图 1—56）。

操作步骤

步骤 1 根据泵站立面图所示，判断开（停）泵环境模拟图上的水位是否符合开（停）泵要求。

步骤 2 根据开泵环境模拟图所示，判断电源电压是否符合开泵要求。

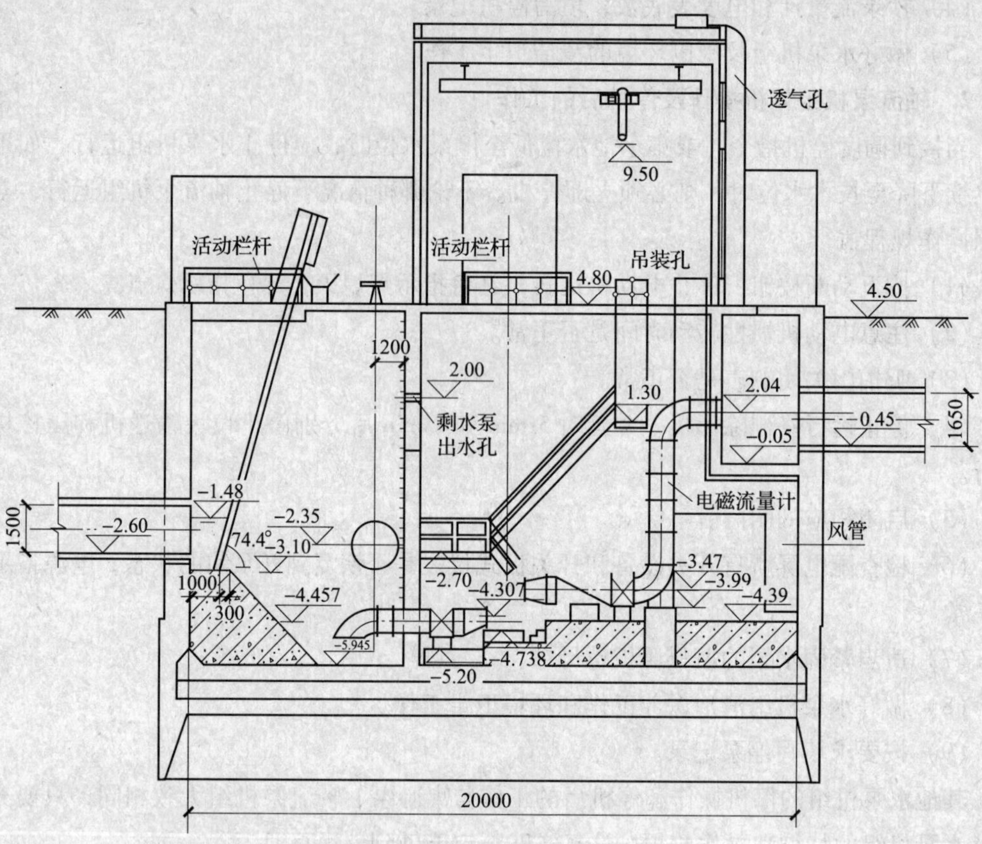

图 1—54　离心泵机组立面图

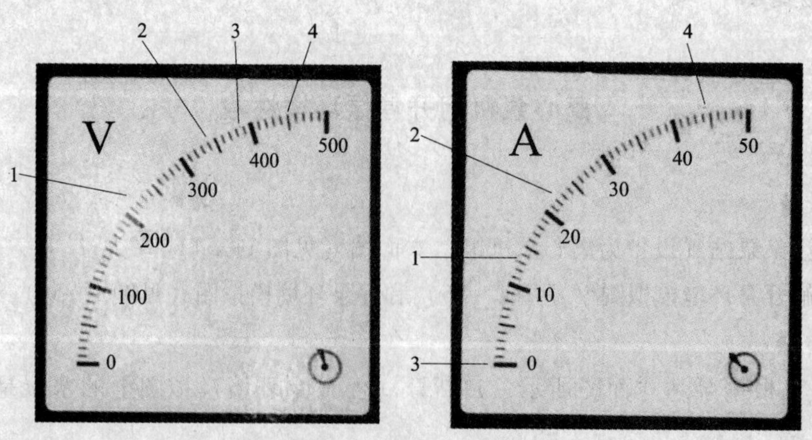

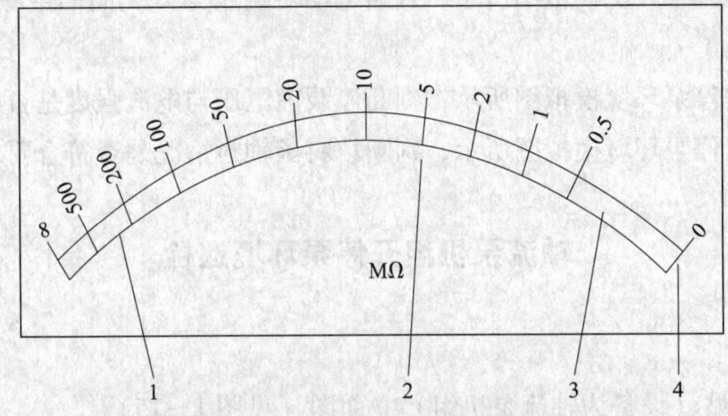

图 1—55　开泵环境模拟图

1—无水滴出　2—滴水不成线　3—滴水成线　4—漏水

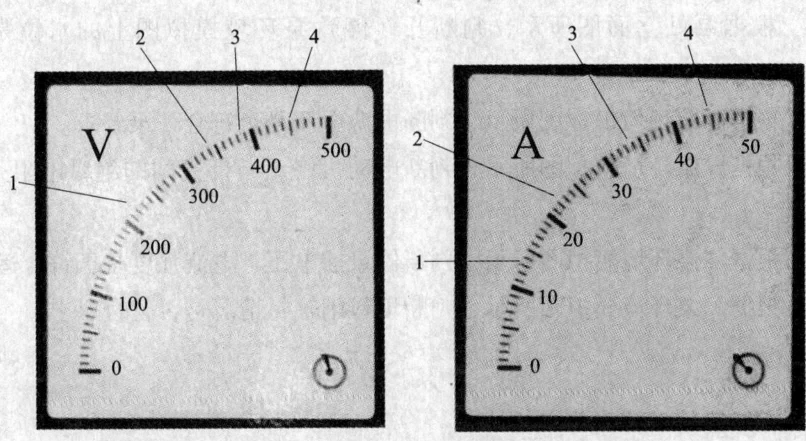

图 1—56　停泵环境模拟图

1—无水滴出　2—滴水不成线　3—滴水成线　4—漏水

步骤 3 根据开泵环境模拟图所示，判断电动机绕组与外壳间的绝缘电阻是否符合开泵要求。

步骤 4 根据停泵环境模拟图所示，判断停泵前电压与电流强度是否符合运行要求。

步骤 5 根据停泵环境模拟图所示，判断填料函轴封情况是否符合要求。

轴流泵机组开停泵环境巡检

操作准备

1. 识读某泵站（设备为轴流泵机组）立面图（见图 1—15）。

2. 理解开泵环境模拟图（见图 1—55）和停泵环境模拟图（见图 1—56）。

操作步骤

步骤 1 根据泵站立面图所示，判断开（停）泵环境模拟图上的水位是否符合开（停）泵要求。

步骤 2 根据开泵环境模拟图所示，判断电源电压是否符合开泵要求。

步骤 3 根据开泵环境模拟图所示，判断电动机绕组与外壳间的绝缘电阻是否符合开泵要求。

步骤 4 根据停泵环境模拟图所示，判断停泵前电压与电流强度是否符合运行要求。

步骤 5 根据停泵环境模拟图所示，判断填料函轴封情况是否符合要求。

第 2 章

泵站低压电气设备

第1节 电工基础

学习单元1 简单直流电路

学习目标

➢了解电路及电路中主要的物理量

➢掌握电功率与电流热效应的关系

➢能够应用欧姆定律分析简单直流电路

知识要求

一、电路

1．电路及其主要物理量

（1）电路的组成。电流流过的路径称为电路。一般电路都由电源、负载、开关和连接导线四个基本部分组成。

1）电源。电源的作用是把非电能转换成电能。如火力发电就是将热能转换成电能，水力发电就是将位能转换成电能，干电池就是将化学能转换成电能，同时向负载提供电能。

2）负载。负载常被称为用电器，是把电能转换为其他形式能量的元器件或设备。如电灯作为负载可以把电能转换成光能，电炉可以把电能转换成热能。同样，泵站中的电动机把电能转换成机械能，带动水泵进行输、排水。

3）开关。开关是控制电路接通或断开的电气设备，泵站中就是用各种开关设备来控制电动机运转的。

4）连接导线。连接导线承担着输送和分配电能的作用。

（2）电路图（见图2—1）。电路图是反映电路实际情况的、用国家统一规定的符号画出的图，它能使电路表示简捷易懂，是设计、安装、维修电气设备时必不可少的依据。电路一般有三种状态。

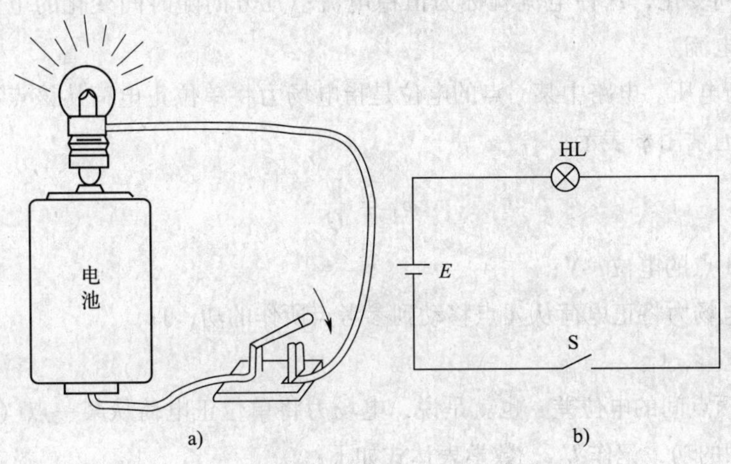

图 2—1　电路和电路图

a）电路示意图　b）电路图

1）通路。指一条处处连通的电路，也称闭合电路，简称闭路。电路只有处于通路的状态，才能有正常的工作电流。

2）开路。指电路中有一处或一处以上的断开，即不是通路的电路，也称断路。这时电路中没有电流。

3）短路。指电路或电路中的某一部分被短接，比如电源或负载的两端直接被导线连接就称为短路。短路也称捷路，这时电流强度陡增，会引起剧烈发热，烧毁电路中的电源、开关和导线。电路中不允许出现这种状态。

（3）电路中的物理量

1）电流。电荷的有规则运动称为电流。电流是一种有大小和方向的物理量，正电荷移动的方向规定为电流的正方向。但在分析电路时，由于电路比较复杂，在分析前看不出电流的方向，所以常假定一个电流的参考方向，得出结果后再决定电流的实际方向。电流的大小取决于一定时间内通过导体横截面的电荷量，并规定 1 s 内通过导体横截面的电量称为电流强度，简称电流。数学表达式为：

$$I=\frac{Q}{t}$$

式中　I——电流强度，A；

Q——电量，C；

t——时间，s。

电流分为交流和直流。凡方向不随时间变化的电流称为直流电流，如果电流的大小和方向都不随时间变化，这种电流就称为恒稳电流；凡方向随时间变化的电流称为交流电流，也称交变电流。

2）电位与电压。电路中某一点的电位是指电场力将单位正电荷从该点移动到零电位处所做的功，通常用 φ 表示：

$$\varphi_A = \frac{W}{Q}$$

式中 φ_A——A 点的电位，V；

W——电场力将正电荷从 A 点移动到参考点所作的功，J；

Q——电量，C。

电压就是两点间的电位差，也就是说，电场力将单位正电荷从某一点（a）移动到另一点（b）所做的功，记作 U_{ab}，数学表达式如下：

$$U_{ab} = \varphi_a - \varphi_b$$

电位降低的方向规定为正方向。电压也同电流一样，既有大小，又有方向，如图 2—2 所示的 U_{ab} 为正，即 U_{ba} 为负，由此可见，$U_{ab} = -U_{ba}$。所以，在电路分析时，电压也会用到参考方向。

3）电动势。电动势是衡量电源将非电能转换成电能本领大小的物理量，它是在外力（非静电力）作用下，单位正电荷从电源的负极经电源内部移到正极所做的功。单位同电位、电压一样，也是伏特（V）。电动势的正方向规定为电源内部由负极指向正极。

电动势与电源端电压的关系如下：

①电源电动势在数值上等于电源两端的开路电压。

②电源电动势与电源端电压方向相反，如图 2—2 所示。

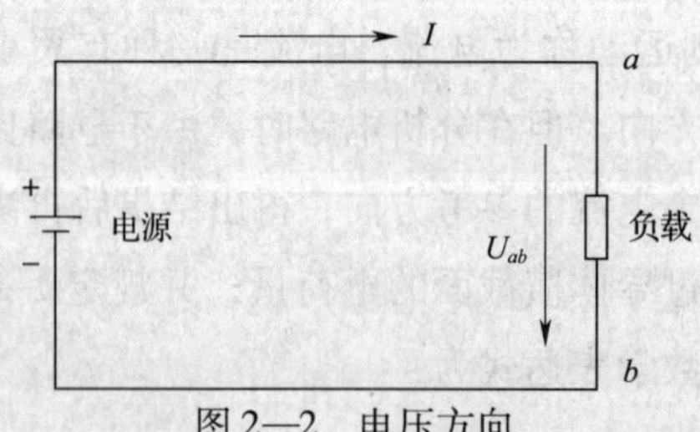

图 2—2　电压方向

电动势与电压的关系是：电动势表示非电场力（外力）做功的本领，而电压表示电场力做功的本领；电动势由低电位指向高电位，而电压则由高电位指向低电位；电动势仅存在于电源内部，而电压则不仅存在于电源两端，还存在于电源外部。

2. 电阻及其连接

（1）电阻

1）电阻的基本概念。导体对电流的阻碍作用称为电阻，用 R 或 r 表示。单位是欧姆（Ω）。如果导体两端的电压为 1 V，通过的电流为 1 A，那么，这个导体的电阻就是 1 Ω。电阻的单位除欧姆外，还常用千欧（kΩ）、兆欧（MΩ）。其换算关系是：1 kΩ = 10^3 Ω，1 MΩ = 10^6 Ω。

2）导体的电阻。导体的电阻是客观存在的，并不因为导体两端电压变化或通过导体的电流变化而变化，即使导体两端没有电压，或者导体没有电流经过，该导体的电阻还是客观存在的。

实验证明，导体的电阻与导体的长度成正比，与横截面积成反比，与材料性质有关。所以，一条长度为 l，横截面积为 S 的导体，电阻大小可用 $R=\rho\frac{l}{S}$ 来表示。式中 ρ 为电阻率或电阻系数，指长度为 1 m，横截面积为 1 mm^2 的导体，在常温下的电阻，它是一个与材料性质有关的物理量。如在 20℃下，铜的电阻率为 1.75×10^{-8} Ω·m，铁的电阻率为 9.78×10^{-8} Ω·m，而银的电阻率为 1.65×10^{-8} Ω·m。电阻率越小的金属材料，电阻越小，导电性能越好。

必须指出，导体的电阻除与上述因素有关外，还与温度有密切的关系。因为当温度升高时，导体中带电粒子的热运动加剧，自由电子在导体中碰撞的机会增多，所以对电流的阻力增大，即电阻增大，其关系可用温度系数 α 来描述：

$$R_2 = R_1[1+\alpha(t_2-t_1)]$$

α 虽然很小，但当导体温度很高，t_2-t_1 很大时，电阻变化就会凸现，比如泵站的电动机在连续运转至热平衡时，温升可高达几十度，电动机绕组的电阻会增大很多，所以机泵操作人员在电动机运行时要密切注意其温度变化的情况。

（2）电阻的连接

1）电阻的串联电路。在电路中，如果两个或两个以上电阻依次一个接一个地连成一串，中间没有分支，电流只有一条通道。电阻的这种连接方式称为串联，由此而组成的电路称为电阻的串联电路，如图 2—3 所示。

电阻串联电路的特点如下：

①电路中流过每个电阻的电流都相等，即 $I=I_1=I_2=\cdots=I_n$。

②电路两端的总电压等于各电阻两端电压之和，即 $U=U_1+U_2+\cdots+U_n$。

③电路的总电阻（等效电阻）等于各串联电阻之和，即 $R=R_1+R_2+\cdots+R_n$。

④电路中各电阻上分配的电压与各电阻值成正比，即：

$$U_n=\frac{R_n}{R}U$$

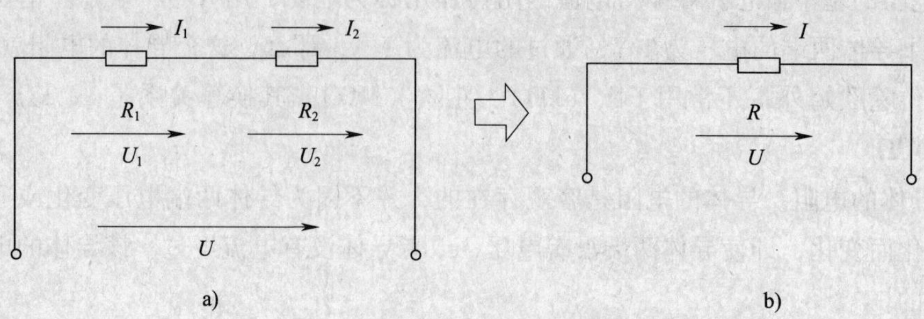

图 2—3　两个电阻的串联

a）串联电路　b）等效电路

由此可见，在串联电路中，电阻值大的电阻分配到的电压值大；电阻值小的电阻分配到的电压值小。通常，可用几个电阻串联来获得一个阻值较大的电阻，如果一个电源要输出几个不同的电压，常采用几个串联的电阻来实现分压；当负载的电压低于电源电压时，可用电阻串联的办法来满足负载接入电源时的需要；利用电阻的串联可限制或调节电路中电流的大小；也常用串联电阻的方法来扩大电压表的量程。

2）电阻的并联电路。在电路中，如果两个或两个以上的电阻一端连接在一起，另一端也连接在一起，每一个电阻两端都承受同一电压的作用，这种连接方式称为电阻的并联，由此而组成的电路称为电阻的并联电路，如图 2—4 所示。

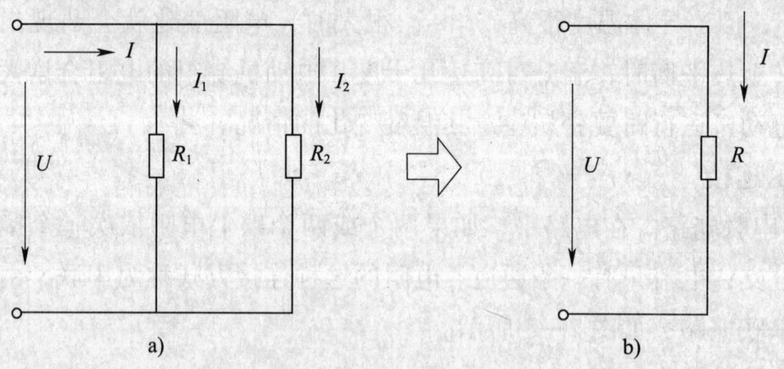

图 2—4　两个电阻的并联

a）并联电路　b）等效电路

电阻并联电路的特点如下：

①电路中各电阻两端电压相等，且等于电路两端的电压，即

$$U = U_1 = U_2 = \cdots = U_n$$

②电路的总电流等于各电阻中电流之和，即

$$I = I_1 + I_2 + \cdots + I_n$$

③电路的总电阻（等效电阻）的倒数，等于各并联电阻的倒数之和，即

$$\frac{1}{R} = \frac{1}{R_1} + \frac{1}{R_2} + \cdots + \frac{1}{R_n}$$

④电路中各支路分配的电流与支路的电阻值成反比，即 $I_n = I\frac{R}{R_n}$。

由此可见，在并联电路中，电阻值大的电阻分配到的电流小，电阻值小的电阻分配到的电流大。据此，已知并联电路的总电流 I 和电路中各电阻 R_1、$R_2 \cdots R_n$，要求某一电阻通过的电流，就可用上式；如果只有两个电阻并联，分流式为 $I_1 = I\frac{R_2}{R_1 + R_2}$，$I_2 = I\frac{R_1}{R_1 + R_2}$，$\frac{R_2}{R_1 + R_2}$和$\frac{R_1}{R_1 + R_2}$称为分流系数。

电阻的并联在日常生活和生产中被广泛应用，凡是额定电压相同的负载几乎全都采用并联的方式，这样，在工作时任何一个负载都不影响其他负载，也不受其他负载影响。如家庭中的所有电器的额定电压都是220 V，它们在使用中都是并联的；又如泵站中的电动机，也都是并联在电路中互不影响地独立工作，只要电源容量足够，不论单一运行还是同时运行都能充分发挥其作用。

此外，用并联电阻的方法还可获得一个较小的电阻，两个 100 Ω 的电阻并联就可得到一个 50 Ω 的等效电阻。在电工测量中常利用并联电阻的方法来扩大电流表的量程，如图2—5 所示。

3）电阻的混联电路。在一个电路中，既有电阻的串联，又有电阻的并联，称为电阻的混联电路，如图 2—6 所示的混联电路中的串联部分具有串联电路的性质，并联部分具有并联电路的性质。图 2—6 中 R_3 和 R_4 属于串联，因此，$R' = R_3 + R_4$；而 R' 与 R_5 则属于并联，则 $R'' = R' /\!/ R_5$。式中“//”为电阻并联的符号，其计算方法根据并联电路的特点，数学表达式如下：

$$\frac{1}{R''} = \frac{1}{R'} + \frac{1}{R_5}$$

即 $$R'' = \frac{R'R_5}{R' + R_5}$$

以图 2—6 为例，混联电路的计算步骤如下：

第一步，先把电路整理并简化为最简两端网络。最简两端网络就是电路中只有一个电阻，其两端电压即为电路总电压，流过该电阻的电流就是电

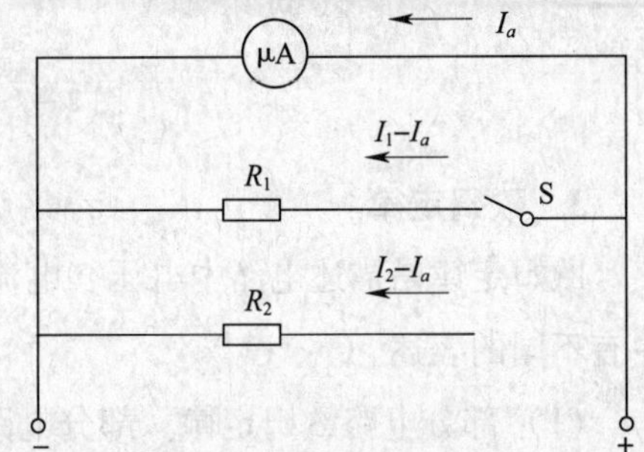

图 2—5　并联电阻扩大电流表量程

路总电流。如图 2—3b 所示。

整理简化电路的方法是画等效图，可先在电路中各电阻的连接点上标注字母，并将各字母按顺序在水平方向排列，将待求端字母排在最外端；然后把各电阻填入对应的字母之间，再根据电阻串联、并联性质，依次画出等效电路。

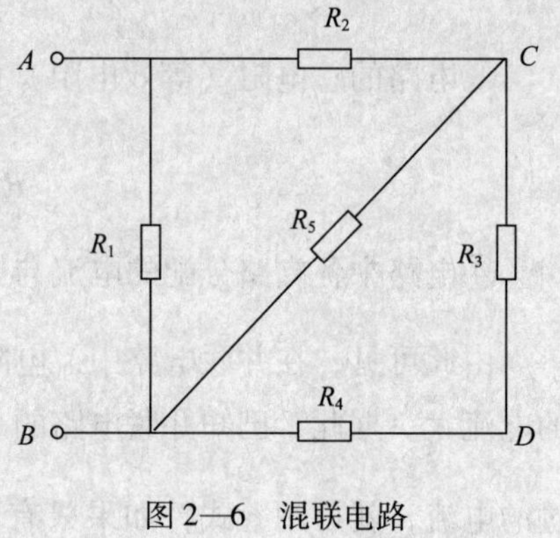

图 2—6 混联电路

第二步，按简化了的电路进行等效电阻的计算。如图 2—6 所示的混联电路的整理、简化过程可参考图 2—7。

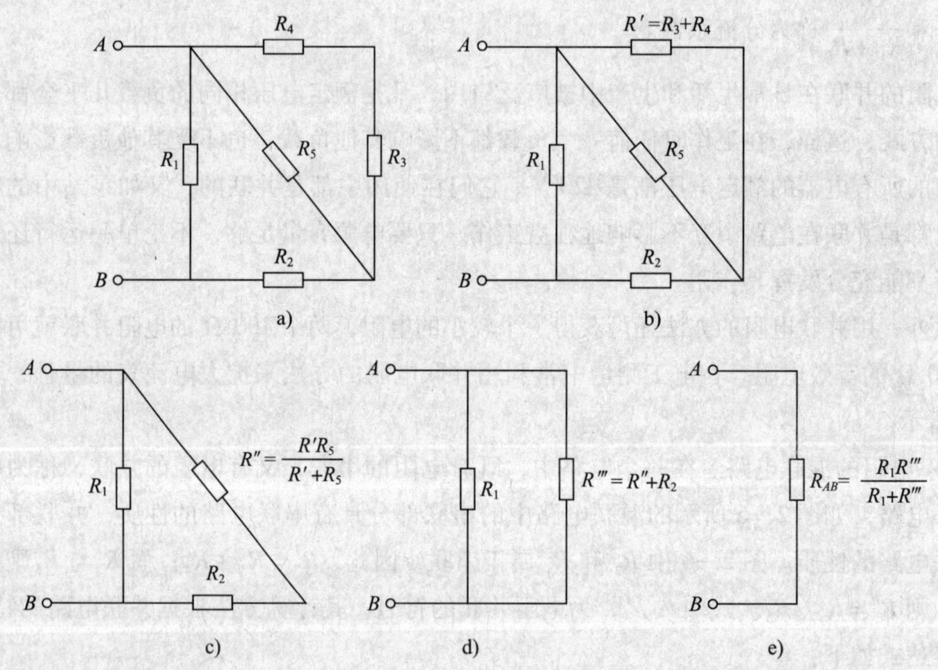

图 2—7 混联电路的简化等效图

3. 欧姆定律

欧姆定律是描述电路中电压、电流和电阻三者之间关系的定律。在全电路和部分电路中有不同的表述。

（1）部分电路欧姆定律。部分电路指不含电源的一段电路。在部分电路中，流过导体的电流与这段导体两端的电压成正比，与这段导体的电阻成反比。由于它只适用于不含电源的电路，所以又称为部分电路欧姆定律。其数学表达式为：

$$I = \frac{U}{R}$$

式中　I——导体中的电流强度，A；

U——导体两端的电压，V；

R——导体的电阻，Ω。

已知电流、电压、电阻三个中的任何两个，即可以利用部分电路欧姆定律求出第三个量的值。

部分电路欧姆定律只适用于最简两端网络，如图 2—8 所示。也就是说，在这个最简单的只有两个端口的电路中，唯一的负载就是图示的 R，这时才可以使用 $I = \frac{U}{R}$ 进行知二求三的计算。

（2）全电路欧姆定律。全电路指含有电源的闭合电路，如图 2—9 所示。图中虚线框内 E 表示电源电动势，r 表示电源内阻。通常把电源内部的电路称为内电路，电源外部的电路称为外电路。

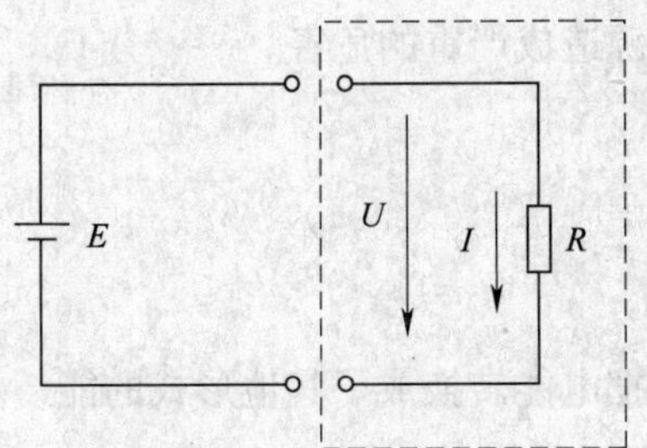

图 2—8　最简两端网络

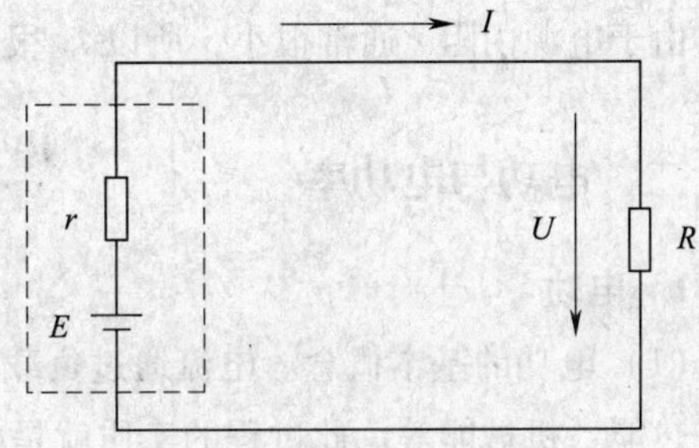

图 2—9　最简单的全电路

全电路中的电流强度与电源的电动势成正比，与整个电路的电阻成反比。其数学表达式为：

$$I = \frac{E}{R + r}$$

由此可得：

$$E = IR + Ir = U_{外} + U_{内}$$

式中　$U_{内}$——电源内部电压，V；

$U_{外}$——外电路电压，V。

外电路电压是指电路接通时电源两端的电压，又称端电压。

由此，电源电动势在数值上等于闭合电路中各部分电压之和。同时，还可进一步分析全电路中电路的三种状态。

1）通路。当电路处于通路状态时，电压与电流之间的关系如下：

$$U_{外} = E - Ir$$

这时可以根据数学表达式画出电源的外特性曲线，如图2—10所示。这是一条向下倾斜的直线，随着I的增大，$U_{外}$由E沿直线下降，电源内阻越大，$U_{外}$下降越多，如果电源内阻为零，其外特性为一条平行于横轴的直线，如图中虚线所示。所以，当电路接大负载（通过大电流的负载）时，端电压下降多；当电路接小负载（通过小电流的负载）时，端电压下降少。

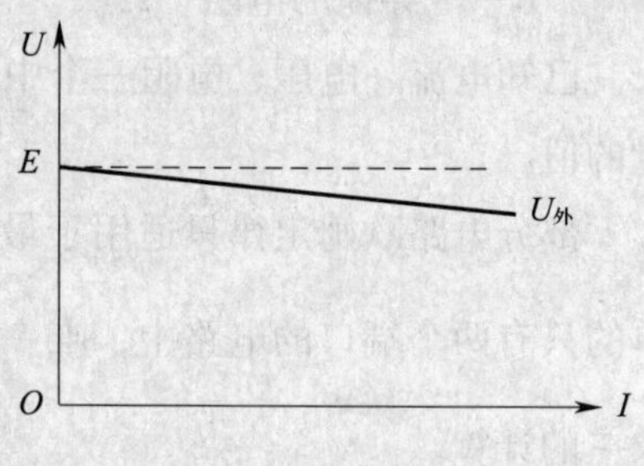

图2—10 电源的外特性曲线

同时可以看到，电源端电压不仅与负载有密切关系，而且与电源内阻有关。通常直流负载都需要恒稳的电压供电，所以要求电源的内阻越小越好。

2）断路。当电路处于断路状态时，即$R\to\infty$，这时电路的电流$I=0$，$U_{内}=0$，$U_{外}=E$，就是说电源的开路电压等于电源的电动势。

3）短路。当电路处于短路状态时，即$R\to 0$，这时电路中的电流称为短路电流，$I_{短}=\dfrac{E}{r}$，由于电源内阻r通常很小，所以$I_{短}$很大，会对电源造成严重的危害。

二、电功与电功率

1. 电功

（1）电功的基本概念。电流通过负载时，负载就把电能转换成了其他形式的能，如光能、热能、机械能等。此过程的实质就是电流做功，简称为电功，用W表示。

（2）电功与电压、电流的关系。根据电流与电压的定义公式：$I=\dfrac{Q}{t}$和$U=\dfrac{W}{Q}$，以及欧姆定律$I=\dfrac{U}{R}$，可得到电功的数学表达式：

$$W = UQ = IUt$$

或
$$W = I^2Rt$$

或
$$W = \frac{U^2}{R}t$$

式中，若电压单位为伏特，电流单位为安培，电阻单位为欧姆，时间单位为秒，则电功单位为焦耳，用J表示。

2. 电功率

（1）电功率的基本概念。电功率是指电流在单位时间内所做的功，用P表示。其数

学表达式为：

$$P = \frac{W}{t}$$

式中若电功单位为焦耳，时间单位为秒，则电功率单位为瓦特，用字母 W 表示。电功率还常用千瓦（kW）、毫瓦（mW）来表示。它们之间的换算关系是 $1\ \text{kW} = 10^3\ \text{W} = 10^6\ \text{mW}$。

（2）电功率与电压、电流的关系。电功率与电压、电流关系的表达式如下：

$$P = IU = I^2R = \frac{U^2}{R}$$

式中 P——电功率，W；

I——电流，A；

U——电压，V；

R——电阻，Ω。

当电压一定时，功率与电阻成反比，所以，电阻大的负载，功率反而小。在日常生活和生产中，电功常用“度”来表示，度 = 千瓦 · 小时，表示功率为 1 kW 的负载在 1 h 中所消耗的电能。

3. 电流的热效应

（1）电流热效应的基本概念。电流通过导体而使导体发热的现象，称为电流的热效应。

（2）焦耳—楞次定律。英国科学家焦耳与俄国科学家楞次各自独立完成了实验，得出了相同的结果：电流通过导体所产生的热量，与电流强度的平方、导体的电阻以及通电的时间成正比，其数学表达式为：

$$Q = I^2Rt$$

这就是著名的焦耳—楞次定律。在日常生活和生产中，很多电器如电吹风、电烘箱、电热毯等都是利用电流的热效应制成的，这是有利的一面。但也有不利之处，因为电流的热效应同样使电路中不希望发热的负载也发热。如泵站中最常用的电动机，长时间的连续运行会造成线圈发热，使电动机温度升高，加速绝缘材料老化，缩短电动机的使用寿命，甚至烧毁电气设备，造成严重后果，这是必须引起重视的问题。

（3）负载的额定值。为了减轻电流热效应的不利影响，保证电气设备能长期安全运行，生产商对其电气产品都规定了一个最高工作温度。工作温度取决于发热量和散热条件，而发热量又取决于电流、电压或电功率。因此，把电气设备或电气元件正常运行时所允许的最大电压、最大电流、最大功率分别称为额定电压、额定电流、额定功率，一般都将其标注在元器件体上或作为铭牌数据安置在电气设备上。同时，把电气设备或元器件在额定功率下的工作状态称为额定工作状态，也称满载；把低于额定功率的工作状态称为轻载；而把高于额定功率的工作状态称为过载或超载。由于过载或超载会造成大量发热，很容易损坏用电器，所以在一般情况下不允许出现这种状态。

三、简单直流电路的计算

所谓简单直流电路计算就是指通过串联、并联的整理、简化，把一个貌似复杂的直流电路化为最简两端网络，然后应用欧姆定律进行电路分析。

【例2—1】 已知微安表内阻 $R_a=3\ 750\ \Omega$，允许通过最大电流为 $I_a=40\ \mu A$，现在要用这个微安表制成一个可测最大电流分别为 $I_1=500\ mA$，$I_2=50\ \mu A$ 的直流电流表。问如何用一个分流器来扩大电流表量程，各分流电阻值应为多大？

解： 采用并联电阻的方法，可设计一个分流器（见图2—11），使微安表量程扩大。

因为 $I_1R_1=R_aI_a+R_2I_a$，$I_2R_1+I_2R_2=R_aI_a$

解此 R_1，R_2 联立方程

$$\begin{cases} I_1R_1-I_aR_2=R_aI_a \\ I_2R_1+I_2R_2=R_aI_a \end{cases}$$

得

$$R_1=\frac{I_a+I_2}{I_1+I_a}\cdot\frac{I_aR_a}{I_2}$$

$$R_2=\frac{I_1-I_2}{I_1+I_a}\cdot\frac{I_aR_a}{I_2}$$

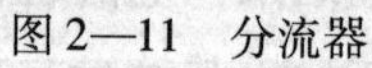
图2—11　分流器

代入已知数据：

$$R_1=\frac{0.04+0.05}{500+0.04}\times\frac{0.04\times3\ 750}{0.05}=0.539\ 9\ \Omega\approx0.54\ \Omega$$

$$R_2=\frac{500-0.05}{500+0.04}\times\frac{0.04\times3\ 750}{0.05}=2\ 999.46\ \Omega\approx3\ k\Omega$$

答： 分流电阻 $R_1=0.54\ \Omega$，$R_2=3\ k\Omega$。

【例2—2】 已知图2—6混联电路中，$R_1=R_2=R_3=R_4=R_5=1\ \Omega$，求 AB 间等效电阻 R_{AB}。

解： 先按步骤画出如图2—7所示的等效图，由图可知：

$$R'=R_3+R_4=2\ \Omega$$

$$R''=R'\ /\!/\ R_5=2/3\ \Omega$$

$$R'''=R_2+R''=5/3\ \Omega$$

$$R_{AB} = R_1 \mathbin{/\!/} R''' = 5/8\ \Omega$$

答：AB 间的等效电阻 $R_{AB} = 5/8\ \Omega$。

如果这道题要进一步求解，假设已知 AB 间的电压 U_{AB}，要求每个电阻上流过的电流是多少，或者每个电阻消耗的功率是多少。那么，只要在求出总电阻 R_{AB} 的基础上，根据已知的 AB 间的电压，用欧姆定律求出总电流 I_{AB}，然后逐步分流就可以了。若要求功率，则利用 $P = I^2R$ 即可求得。

学习单元 2　交流电路

学习目标

- ➤了解感抗和容抗的基本概念
- ➤了解电磁感应常识
- ➤掌握正弦交流电的三要素和有效值
- ➤掌握三相交流电路的连接方法及其电压、电流关系

知识要求

一、电容、电感和电抗

1. 电容

（1）电容和电容量。电容器是由两片接近且相互绝缘的导体制成的电极组成的储存电荷和电能的器件。通常把组成电容器的两个导体称为极板，把中间的绝缘物称为介质。其最基本的特性是能够储存电荷。表征在一定电压下电容器储存电荷能力大小的物理量称为电容量，简称电容，用 C 表示。其大小等于电容器所储存的电量与两极板间的电压之比，即

$$C = \frac{Q}{U}$$

式中　Q——一个极板上所储存的电量，C；

U——两极板间的电压，V；

C——电容，F。

在实际工作中，法拉这个单位太大，经常用微法（μF），即 10^{-6}F 或微微法（也称皮法用 pF 表示），即 10^{-12}F 来表示。

（2）电容的主要指标。电容器的主要指标有电容量、耐压以及介质损耗和稳定性等。一般电容器的外壳上都标注有电容量和耐压。所谓耐压就是电容器长期工作时所能承受的最大电压，这是电容器最主要的指标。

电容器的耐压能力除了与本身结构、介质性质有关外，还与温度有关，当温度升高时，耐压能力就会下降。因此，在使用电容器时，注意加在其两端的实际电压必须小于额定工作电压。

（3）电容的种类。电容器按介质不同，可分为空气电容器、云母电容器、纸质电容器、电解电容器等；若按结构不同，可分为固定电容器、可变电容器和半可变电容器三种。其外形如图 2—12 所示。

固定电容器中，云母电容器耐压性能好，稳定性和绝缘性能好，适用于无线电各种电路，特别是高频电路中，但成本较高；纸质电容器成本低、容量大，但耐压性能差，损耗大，稳定性差，只适合于要求不高的场合；油浸纸质电容器是将纸质电容器在绝缘油中浸透，它不但绝缘良好，耐压性能较好，而且电容量大，常用于电力系统和高压滤波中；电解电容器的主要优点是容量大，但耐压性能差、绝缘性能差、损耗大，常用于滤波电路中，它有正负极，使用时必须看清其外壳上的标注，不能接错。

可变电容器常以空气和固体作为介质，由两组铝片组成，一动一定，以旋转动片改变相对面积来改变其电容量，常用于收音机中。

半可变电容器也称微调电容器，常用陶瓷或云母作为介质，也用于收音机中。

（4）电容的连接

1）串联。两个或两个以上电容器首尾相连的连接方式称为电容器的串联，如图 2—13 所示。

串联电容有以下几个特点：

①每个电容器上所带电量都相等，且等于电容器串联后的等效电容器上所带的电量。即

$$Q = Q_1 = Q_2 = \cdots = Q_n$$

②每个电容器两端的电压之和等于总电压。即

$$U = U_1 + U_2 + \cdots + U_n$$

③串联电容器的等效电容量的倒数，等于每个电容器的电容量的倒数之和。即

$$\frac{1}{C} = \frac{1}{C_1} + \frac{1}{C_2} + \cdots + \frac{1}{C_n}$$

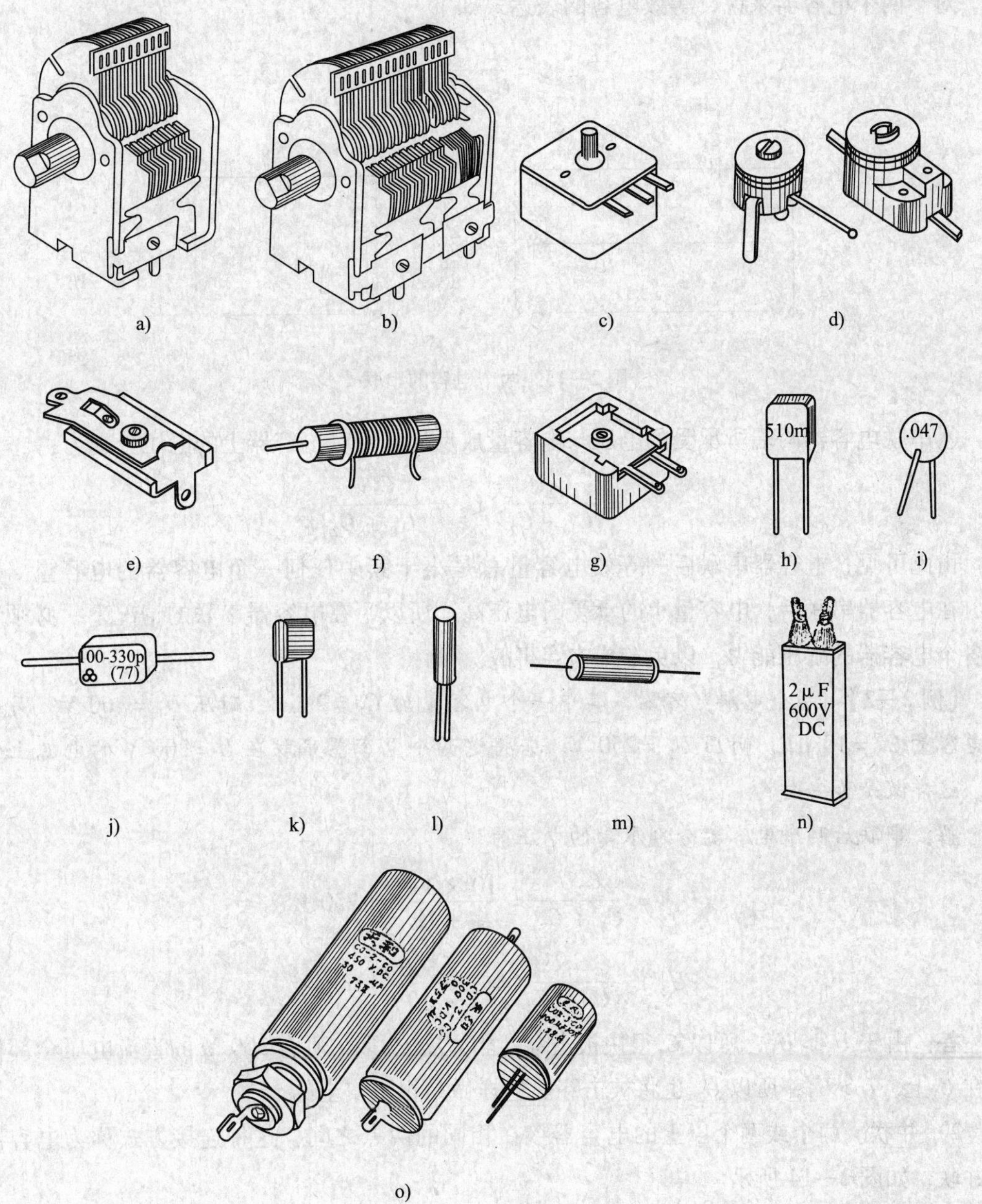

图 2—12　电容器外形

a）空气单联电容器　b）空气双联电容器　c）密封双联电容器　d）陶瓷微调电容器　e）云母微调电容器　f）拉线微调电容器　g）垫整电容　h）玻璃釉电容　i）瓷片电容　j）云母电容　k）绦纶电容　l）金属膜电容　m）纸质电容　n）油浸纸质电容　o）电解电容

对于两个电容器来说，等效电容的表达式如下：

$$C = \frac{C_1 C_2}{C_1 + C_2}$$

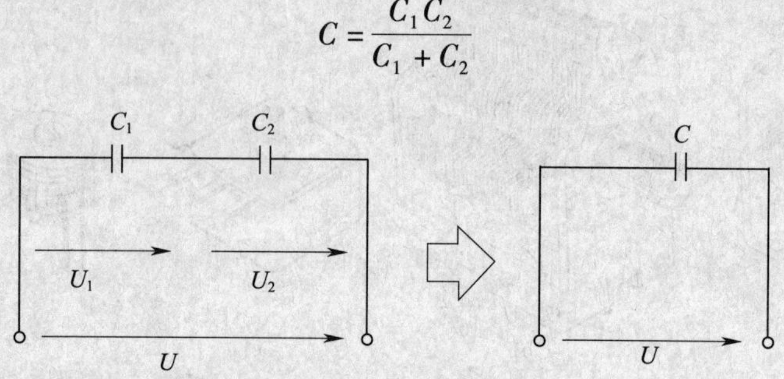

图 2—13　两个电容的串联

④串联电容器两端所承受的电压与电容量成反比。两个电容器上的电压分别为：

$$U_1 = \frac{C_2 U}{C_1 + C_2},\ U_2 = \frac{C_1 U}{C_1 + C_2}$$

由此可见，电容器串联后的等效电容量总是小于其中任何一个电容器的电容量。另外，在电容器串联后，电容量小的承受的电压高。所以，在电容器串联的情况下，必须考虑各个电容器的耐压能力，以免造成击穿事故。

【例 2—3】 两个电解电容器，其中一个电容量为 $C_1 = 2\ \mu F$，耐压 $U_1 = 160\ V$；另一个电容量 $C_2 = 10\ \mu F$，耐压 $U_2 = 250\ V$。若将这两个电容器串联在 $U = 300\ V$ 的电源上使用，这样做是否安全？

解： 串联后两个电容器分别承受的电压为

$$U_1' = \frac{C_2 U}{C_1 + C_2} = \frac{10 \times 300}{2 + 10} = 250\ V$$

$$U_2' = \frac{C_1 U}{C_1 + C_2} = \frac{2 \times 300}{2 + 10} = 50\ V$$

答： 由于 $U_1' > U_1$，所以 C_1 很快被击穿；当 C_1 被击穿，所有 300 V 的直流电压全部作用在 C_2 上，$U > U_2$，所以 C_2 也将被击穿。这样做是很不安全的。

2）并联。两个或两个以上的电容器接在相同的两点之间，这种连接方式称为电容器的并联，如图 2—14 所示。

并联电容有以下几个特点：

①每个电容两端的电压相同，且等于外电压，即

$$U = U_1 = U_2 = \cdots = U_n$$

②电容并联后的等效电容所带的电量 Q 等于各个电容的电量之和，即

$$Q = Q_1 + Q_2 + \cdots + Q_n$$

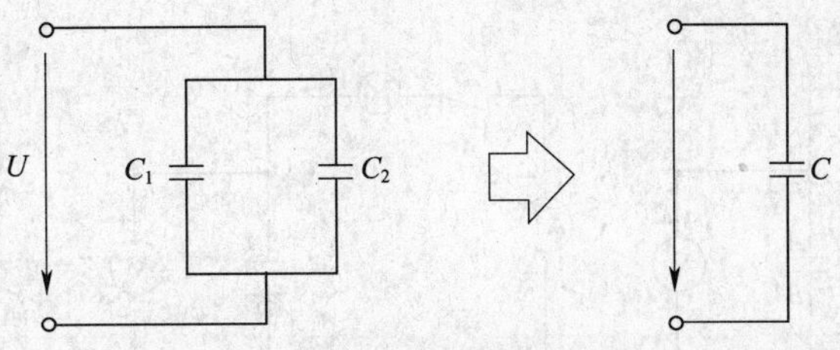

图 2—14　两个电容的并联

③电容并联后的等效电容量等于各电容器的电容量之和，即：

$$C = C_1 + C_2 + \cdots + C_n$$

由此可见，电容器并联后的等效电容量总是大于其中任一个电容器的电容量。因此，在电容量不足的情况下，可以把几个电容器并联使用，但必须注意，并联电容器的最高工作电压要按最小额定工作电压的电容器确定。

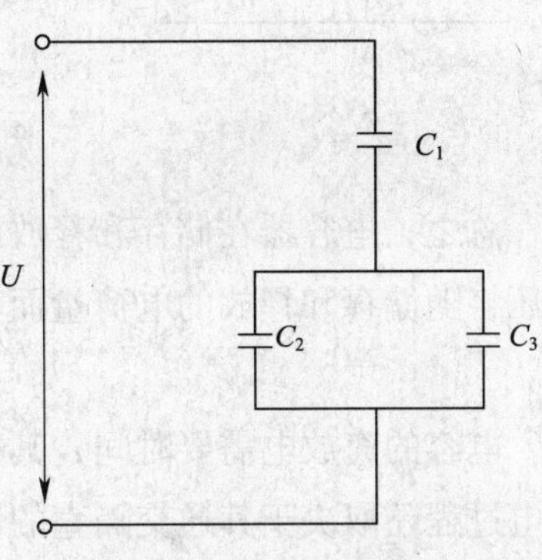

图 2—15　电容器的混联

3）混联。既有串联又有并联的电容器组合称为电容器的混联，如图 2—15 所示。

计算电容器混联后的电容量时，可分别应用串联、并联的计算办法。

【例 2—4】　如图 2—15 所示，已知 $U=50\text{V}$，$C_1=2\mu\text{F}$，$C_2=C_3=1\ \mu\text{F}$，求 $C=C_1+C_2 /\!/ C_3=$？$Q_1=$？$Q_2=$？$Q_3=$？$U_1=$？$U_2=$？$U_3=$？

解：

$$C_{23}=C_2 /\!/ C_3=2\ \mu\text{F}$$

$$C=C_1+C_{23}=C_1C_{23}/(C_1+C_{23})=1\ \mu\text{F}$$

$$Q=CU=1\times10^{-6}\times50=5\times10^{-5}\ \text{C}$$

因为 $Q_1=Q$　所以 $U_1=Q_1/C_1=\dfrac{5\times10^{-5}}{2\times10^{-6}}=25\ \text{V}$

$$U_2=U_3=U-U_1=50-25=25\ \text{V}$$

$$Q_2=Q_3=Q/2=2.5\times10^{-5}\ \text{C}$$

（5）电容的充放电。实验说明，如图 2—16 所示，电压表是一个高内阻的电压表，A_1 和 A_2 是指针可左右偏转的电流表。当把开关 S 拨到“1”时，指示灯突然亮一下就慢慢变暗了；同时两个电流表也动作了：A_1 的指针突然向右偏到某个数值，然后慢慢回到零位；电压表的读数也随着指示灯由亮到暗而由零逐渐到达电源电压。当把开关 S 从“1”拨到“2”时，指示灯又突然亮了一下变暗；A_2 电流表的指针却突然向左偏转到某个数值，然后慢慢回到零位；电压表的读数则跟着指示灯由亮到暗而由电源电压逐渐减小到零。如果把开关 S 迅速在“1”和“2”之间拨动，指示灯就始终发光。

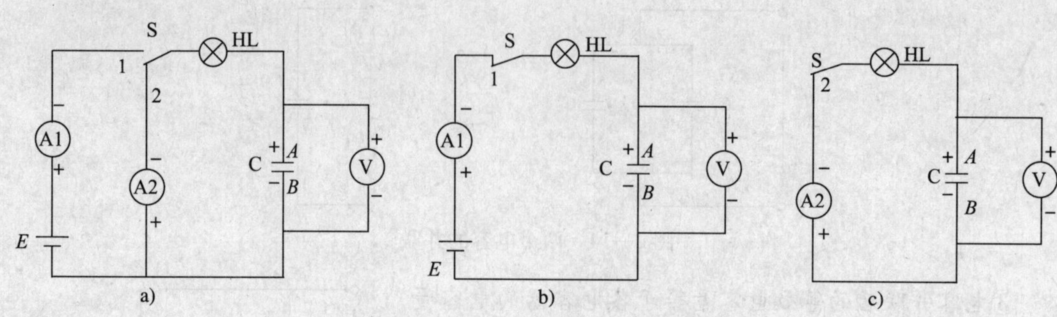

图 2—16　电容器充放电实验电路

总之，电容器在储存和释放电荷，即充电、放电的时候电路中就有电流产生，其两端电压将随储存和释放的电荷量而变化；电容器在充放电过程中分别扮演着负载和电源的角色。

电容的充放电需要时间，其长短只与电容量和电路中的总电阻有关。同时，电容器充放电过程还取决于其通交隔直的性质。电容器接通直流电源时，仅仅在刚接通的非常短暂的时间内发生充电，即有电流流过，而一旦充电结束，$U_C \approx E$，电路电流为零，电路处于开路状态，这就是电容器的“隔直”作用。如果电容器接通交流电源，由于交流电的大小和方向随时间不断变化，致使电容器得以反复充放电，即在电路中出现连续的交流电流，也就是电容器的“通交”作用。

2．电感

（1）电感器。电感器是能够把电能转化为磁能而存储起来的元件。电感器的结构类似于变压器，但只有一个绕组。电感器具有一定的电感，它只阻止电流的变化。如果电感器中没有电流通过，则它阻止电流流过它；如果有电流流过它，则电路断开时它将试图维持电流不变。电感器又称扼流器、电抗器、动态电抗器。电感器的图形符号如图 2—17 所示。

图 2—17　电感器的图形符号

（2）电感量。电感量是自感量与互感量的总和，又是电感元件自感系数的简称，自感系数又称自感量，用 L 表示，单位为亨利（H）。它是一个衡量线圈产生自感磁通本领大小的物理量。自感量的大小不仅与线圈的匝数及其几何形状有关，而且与线圈中介质的磁导率有密切关系。

3．电抗

感抗和容抗总称电抗，是用来表示电感或电容在电路中对电流阻碍作用大小的物理

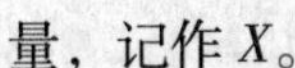

量，记作 X。

（1）感抗。感抗是用来表示电感线圈对交流电流阻碍作用的物理量，用 X_L 表示，单位为 Ω。感抗的大小取决于线圈的电感量和流过它的电流的频率 f，其计量公式是：

$$X_L = \omega L = 2\pi f L$$

对电感量一定的线圈而言，f 越高则 X_L 越大；在相同电压的作用下，线圈中的电流就会减小，$I = U/X_L$。在直流电路中，$f=0$，所以 $X_L=0$，这时，作为理想的纯电感，在直流电路中可视为短路，所以，它具有通直隔交的性质。

（2）容抗。容抗是用来表示电容器对电流阻碍作用大小的物理量，用 X_C 表示，单位为 Ω。容抗的大小与频率及电容量成反比，其计量公式是：

$$X_C = \frac{1}{\omega C} = \frac{1}{2\pi f C}$$

在电容器容量一定时，f 越大则 X_C 越小。在直流电路中，$f=0$，所以容抗趋向无穷大。这说明，在稳态时电容器接入直流电路可使电路处于断路状态，这就是通交隔直的性质。

二、电磁感应

电和磁是互相联系而且不可分割的两个基本物理现象，电磁现象的发现和应用是人类科技进步的一个重要台阶。几乎所有的电气设备，如变压器、电动机等，其工作原理都与电和磁紧密相关。

1. 电流的磁场

电流和磁体一样，周围存在磁场。实验证明了产生磁场的根本原因是电流，电流和磁场有着不可分割的联系，磁场总是伴随着电流而存在，电流永远被磁场所包围。通常称为动电生磁。

磁场具有力和能的特性，是一种特殊的物质。为了形象地描述磁场的强弱和方向，引进了一种假想的磁感应线，它们是互不交叉的闭合曲线，在磁体外部由 N 极指向 S 极，在磁体内部由 S 极指向 N 极；磁感应线的切线方向即磁场方向，磁感应线的疏密表示磁场的强弱。

电流周围存在磁场的现象称为电流的磁效应，电流产生磁场的方向可用安培定则来判断。

（1）直线电流产生的磁场。如图 2—18 所示，用右手握住通电直导体，拇指的指向表示电流方向，弯曲的四指表示磁场方向。

（2）环形电流产生的磁场。如图 2—19 所示，用右手握住通电螺线管，弯曲的四指表示电流方向，拇指的指向表示磁场的方向。

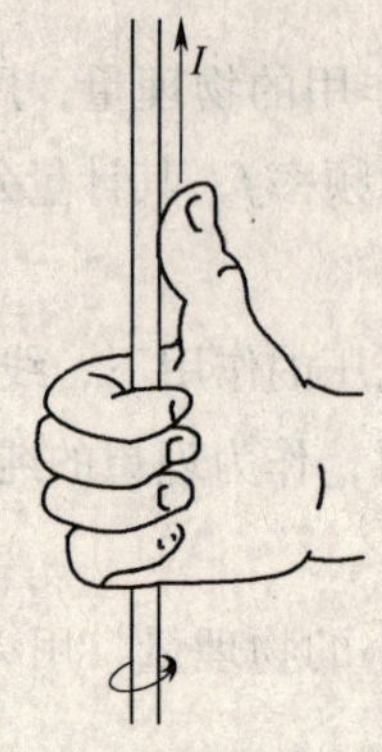

图 2—18　直线电流磁场的判定

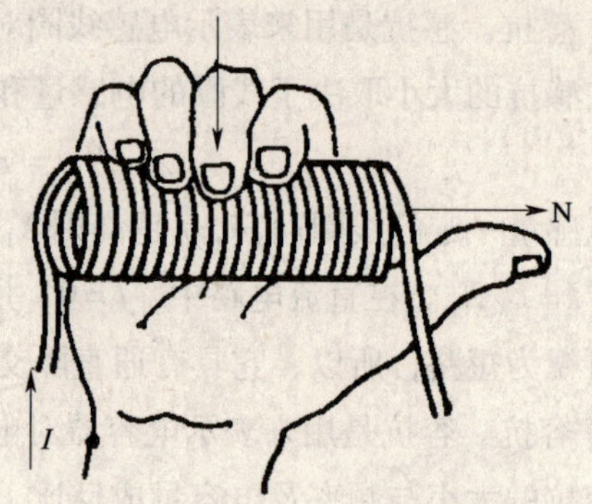

图 2—19　环形电流磁场的判定

电流产生磁场的现象被广泛应用于电工、电子设备，泵站中广泛使用的继电器、接触器等就是利用电流产生磁场这个原理制成的。

2. 磁场对电流的作用

（1）磁场对通电直导线的作用。实验说明，在蹄形磁铁的两极间悬挂一根直导体，并使它与磁感应线垂直，如图 2—20 所示。当导体没有通过电流时，它静止不动；当接通电源，使电流通过该直导体，会发现导体向磁铁内部移动；若改变电流方向或磁铁极性，导体则向磁铁的外部移动。这个实验说明，载流导体在磁场中受到力的作用，这种作用力称为电磁力。

进一步的实验证明了：

1）电磁力的大小。电磁力的大小与导体中通过的电流强度成正比，与导体的有效长度成正比，并与载流导体所在位置的磁感应强度成正比。即：

$$F = BIL$$

式中　F——导体受到的电磁力，N；

B——均匀磁场的磁感应强度，T；

I——导体通过的电流，A；

L——导体在磁场中的有效长度，m 。

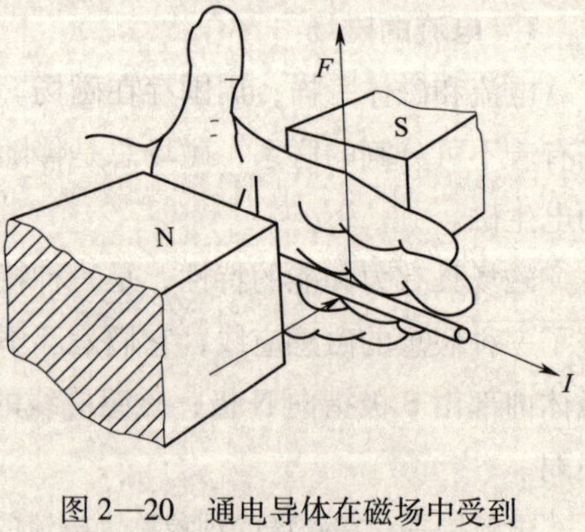

图 2—20　通电导体在磁场中受到电磁力的作用

当导体与磁感应线方向垂直放置时，所受的电磁力最大；平行放置时，导体不受力；当直导体与磁感应线方向成 α 角时，则导体的有效长度为 $L\sin\alpha$，这时导体受到的电磁力为：

$$F = BIL\sin\alpha$$

2）电磁力的方向。电磁力的方向与磁感应线的方向以及电流的方向有关，可用左手定则来判定。平伸左手，拇指与四指垂直，并在一个平面上，让磁感应线穿过掌心（N 极对掌心）。这时，四指的指向为电流方向，拇指的指向就是通电导体的受力方向。

（2）磁场对通电线圈的作用。磁场对通电导体有作用力，同样对通电线圈也产生作用力。如图 2—21 所示，在均匀的磁场中放置一个通电线圈 $abcd$，当线圈平面与磁感应线平行时，ab 边与 dc 边与磁感应线平行，不受力；ad 边、bc 边与磁感应线垂直，分别受到力 F_1 和 F_2 的作用，$F_1 = F_2 = BIL$，这两条边称为有效边。根据左手定则可知，两条平行的有效边 ad 和 bc 受力大小相等，方向相反，构成一对力偶，使线圈在力矩作用下，绕着轴线 OO' 作顺时针方向转动。如果线圈平面转到与磁感应线垂直位置，此时转矩为零。所以，通电线圈在磁场中，磁场总是使线圈平面转到与磁感应线相垂直的位置上。其实，图 2—20 就是个直流电动机最简单的原理图，生产中常用的直流电压表、直流电流表以及万用表等电磁式仪表也都是根据这一原理制成的。

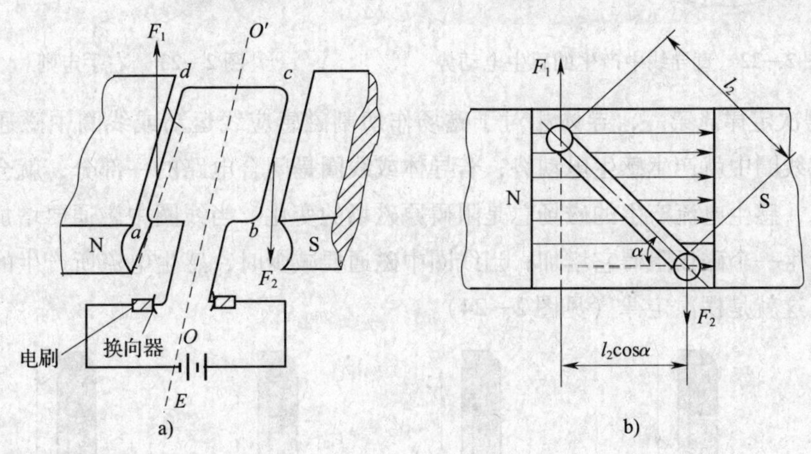

图 2—21　磁场对通电线圈的作用

3. 电磁感应

电流是产生磁场的根本原因之一；反过来，磁能也可以转换成电能，这就是影响人类生活至今的电磁感应定律。

当导体相对于磁场运动而切割磁感应线，或线圈中磁通发生变化时，都有感生电动势产生。若导体或线圈是闭合回路的一部分，那么，导体或线圈中将产生感生电流。这种现象称为电磁感应。

（1）直导线中产生的感生电动势。实验证明，如图 2—22 所示，处于闭合回路中的直导线所产生的感生电流，不但与导体在磁场中运动的方向有关，还与导体的运动速度有关。

直导体中产生的感生电动势方向可用右手定则来判断。平伸右手，拇指与其余四指垂直，在同一平面内，掌心正对磁场的 N 极，以拇指指向表示导体的运动方向，则其余四指的方向就是感生电动势的方向（见图 2—23）。

图 2—22　直导线中产生的感生电动势

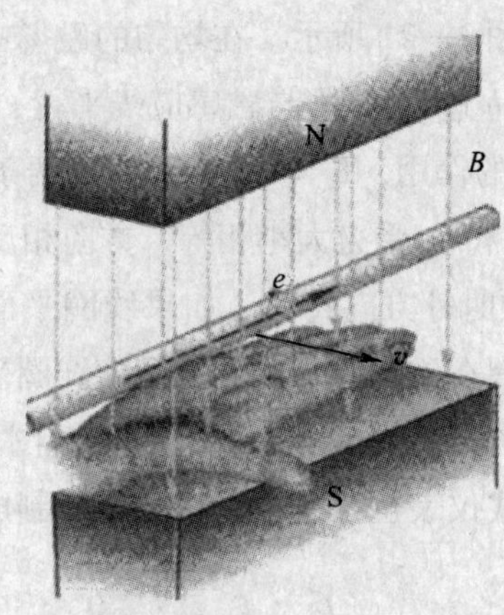

图 2—23　右手定则

（2）楞次定律。第一，导体相对于磁场作切割磁感应线运动或线圈中磁通发生变化时，导体或线圈中就产生感生电动势；若导体或线圈是闭合电路的一部分，就会产生感生电流。第二，感生电流产生的磁场总是阻碍原磁场的变化。当线圈中磁通要增加时，感生电流就要产生一个磁场阻碍它增加；当线圈中磁通要减少时，感生电流所产生的磁场将阻碍它减少。这就是楞次定律（见图 2—24）。

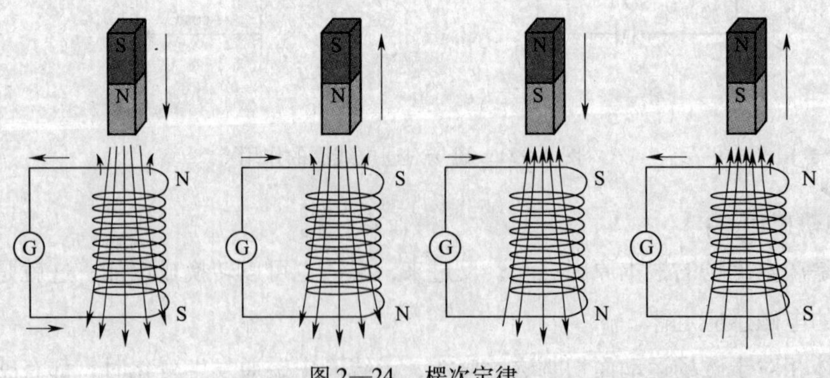

图 2—24　楞次定律

根据楞次定律，可得出一个判断感生电动势或感生电流方向的方法：首先，判断原磁通的方向及其变化趋势（要增加还是要减少）；其次，根据感生磁场方向永远与原磁通变化趋势相反的原则，确定感生磁场方向；最后，根据感生磁场的方向，用安培定则就可判断出感生电动势或感生电流的方向。

(3) 法拉第电磁感应定律。楞次定律说明了感生电动势的方向，但没有表明感生电动势的大小。通过实验，得出结论：线圈中感生电动势的大小与线圈中磁通的变化速度（即变化率）成正比。这个规律称为法拉第电磁感应定律。其数学表达式是：

$$e = -\frac{\Delta\Phi}{\Delta t}$$

式中　e——在 Δt 时间内感生电动势的平均值，V；

$\Delta\Phi$——N 匝线圈的磁通变化量，Wb；

Δt——磁通变化 $\Delta\Phi$ 所需的时间，s；

-——感生电动势的方向，永远和磁通变化的趋势相反。

应用楞次定律可以判断感生电动势的方向，用法拉第电磁感应定律可计算感生电动势的大小。

三、单相正弦交流电

1. 交流电的基本概念

交流电是指大小和方向都随时间而变化的电流（或电压、电动势）。它是交变电流、交变电压和交变电动势的总称。

交流电的应用十分广泛，在工业和日常生活中几乎所有的电能都是以交流的形式产生的，即使电信、电镀、计算机等领域需要的直流电，也土要是靠交流电整流后获得的。这是因为交流发电机比直流发电机结构简单、工作可靠、成本低，而且交流电可用变压器来改变电压等级，便于远距离输送。

2. 单相正弦交流电

(1) 交直流电的波形。交流电可分为正弦交流电和非正弦交流电两大类，正弦交流电是指按正弦规律变化的交流电，如图 2—25 所示。

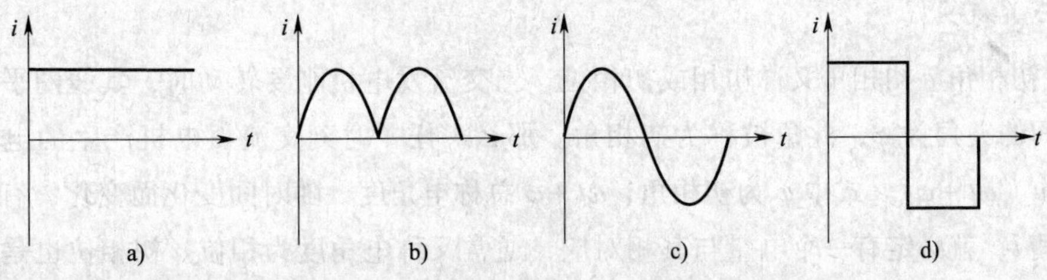

图 2—25　直流电和交流电的电波波形图

a) 恒稳直流电　b) 脉动直流电　c) 正弦交流电　d) 非正弦交流电

恒稳直流电的大小、方向都不随时间变化；脉动直流电的大小随时间变化，但方向始终不随时间变化；正弦交流电按正弦规律且大小方向都随时间变化；非正弦交流电的大小、方向都随时间的变化。

（2）正弦交流电的基本特征和三要素（见图 2—26）

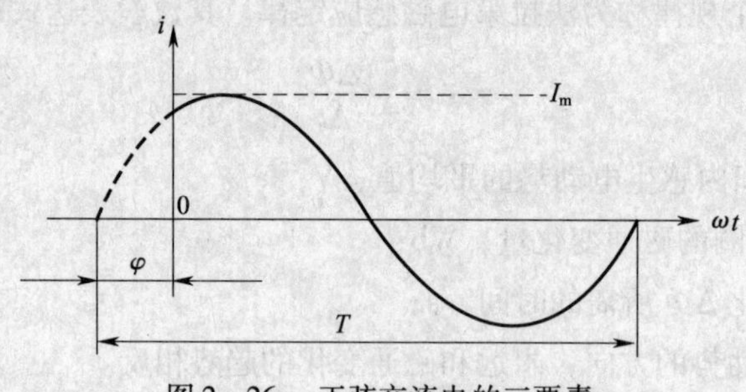

图 2—26　正弦交流电的三要素

1）瞬时值。正弦交流电是随时间按正弦规律变化的，某时刻的数值和其他时刻不一定相同，把任意时刻的正弦交流电的数值称为瞬时值，分别用小写字母 i、u 和 e 表示。

2）最大值。最大的瞬时值称为最大值，亦称峰值、幅值。正弦交流电流、电压和电动势分别用大写字母加下标“m”表示；即 I_m、U_m 和 E_m。最大值有正负之分，但习惯都以绝对值表示。最大值是正弦交流电的三要素之一。

3）周期、频率和角频率

①周期。交流电波形每重复一次所需的时间称为周期，用 T 表示，单位是 s 。

②频率。交流电波形 1 s 内重复的次数称为频率，用 f 表示，单位是赫兹（Hz）。我国供电网供应频率为 50 Hz 的正弦交流电，习惯上称为“工频”。频率与周期的关系式如下：

$$T = 1/f \text{ 或 } f = 1/T。$$

③角频率。角频率也称电角速度，是指 1 s 内变化的电角度，用 ω 表示，单位是 rad/s。如果交流电波形在 1 s 内变化了 1 次，那么电角度正好变化了 2π 弧度，即 $\omega = 2\pi \text{rad/s}$；如果交流电波形 1 s 内变化了 f 次，就可得到角频率与频率间的关系为 $\omega = 2\pi f$。它也是正弦交流电的三要素之一。

4）初相角。初相角又称初相或初相位。当交流发电机刚要转动时，其线圈平面和中性面之间的夹角为 φ，此角被称为初相角。那么，任一时刻交流发电机产生的电动势为 $E = E_m \sin(\omega t + \varphi)$。式中 φ 为初相角，$\omega t + \varphi$ 总称电角度，随时间变化而变化，有一个确定的时间 t，就必定有一个电量与其相对应，通常又称电角度为相位。初相位也是正弦交流电的三要素之一。

综上所述，正弦交流电的表达式为：

$$E = E_m \sin(\omega t + \varphi_e)$$
$$U = U_m \sin(\omega t + \varphi_u)$$
$$I = I_m \sin(\omega t + \varphi_i)$$

正弦交流电的三要素是最大值 E_m 或（U_m、I_m）、角频率 ω 和初相角 φ，如图 2—26 所示。

3. 单相正弦交流电的有效值

（1）有效值的基本概念。把与直流电流热效应相等的交流电流值称为交流电流的有效值。一般说的交流电的数值，或者电流表、电压表测量出来的数值，都指正弦交流电的有效值，通常用大写字母表示。

（2）有效值与最大值的关系。正弦交流电有效值与最大值之间的关系为：

$$E = \frac{E_m}{\sqrt{2}}, U = \frac{U_m}{\sqrt{2}}, I = \frac{I_m}{\sqrt{2}}$$

四、三相交流电

三相正弦交流电简称三相交流电，如图 2—27 所示。

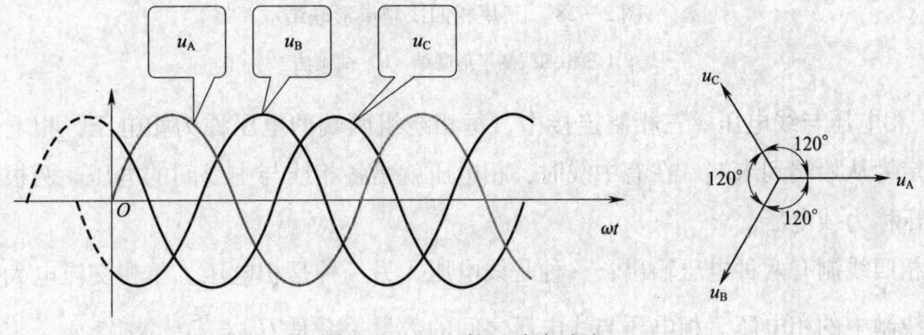

图 2—27　三相正弦交流电

1. 三相交流电的优点和应用

（1）三相交流电的优点。三相交流电与单相交流电相比有很多优点。三相发电机比同样规格的单相发电机的输出功率要大；在同样条件下输送同样大的功率时，三相输电线比单相输电线节省材料；三相电动机结构简单，坚固耐用，维护和使用都比较方便，运转时比单相电动机振动小。

（2）三相交流电的应用。生产实际中大多采用三相交流电，比如使用极为广泛的三相异步电动机就是用三相交流电作为原动力的。它是由三相交流发电机产生的，单相交流电、民用的工频市电，也都是从三相电源中获取的。

2. 三相绕组的联结

三相绕组的联结有星形（Y）联结和三角形（△）联结两种。

（1）星形联结

1）联结方法。把三相发电机绕组的末端 U_2、V_2、W_2 连接成一个公共点的连接方式称为星形联结，该公共点称为电源中性点，记作 N；从三个始端 U_1、V_1、W_1 分别引出的三根接负载的导线，称为相线；从电源中点 N 引出一根与负载中点相接的导线，称为中线或零线。

2）三相三线制和三相四线制。有中线的三相制称为三相四线制，如图 2—28a 所示，图 2—28b 是其简画法。没有中线的连接称为三相三线制。

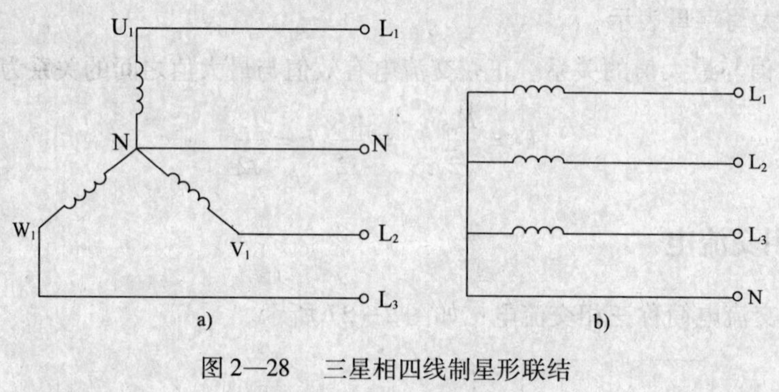

图 2—28　三星相四线制星形联结

a）三相四线制星形联结　b）简画法

3）相电压与线电压。三相制连接中，每相绕组两端的电压称为相电压，相电压的正方向规定为从始端到末端。在有中线时，相电压就是各相线与中线间的电压。两根相线之间的电压称为线电压。

三相四线制有两种电压输出：一种是线电压，另一种是相电压。单相交流电大多取自三相四线制中的相电压。相电压与线电压之间的数量关系是 $U_{线}=\sqrt{3}U_{相}$。

（2）三角形联结

1）联结方法。将三相发电机每一相绕组的末端和另一相绕组的始端依次相接的联结方式，称为三角形联结，如图 2—29 所示。

2）相电压与线电压的关系。采用三角形联结时，$U_{线}=U_{相}$。通常发电机绕组一般都采用星形联结而不采用三角形联结。

3. 三相负载的联结

三相电路的负载由三个单相负载组成，三相电动机三个绕组可以组成一个三相负载，照明电路也可组成一个三相负载。各相阻抗相等的负载称为对称三相负载，各相阻抗不相等的则称为不对称负载。三相负载有星形联结和三角形联结。

（1）星形联结

1）联结方法。把三相负载分别接在三相电源的一根相线和中性点之间的接法称为三相负载的星形联结，如图 2—30 所示，图中 Z_U、Z_V、Z_W 为各负载的阻抗值，N′为负载的中性点。

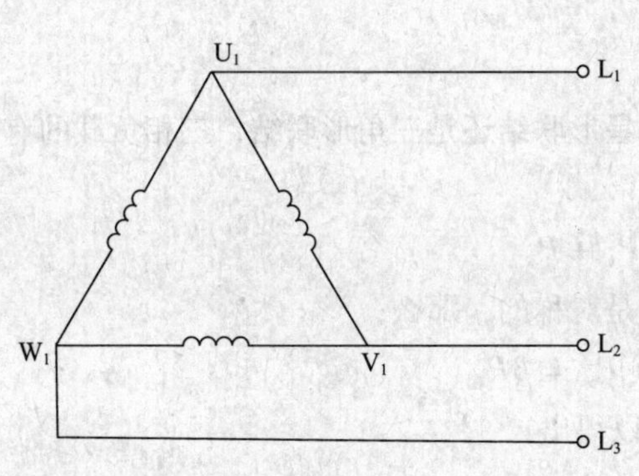

图 2—29　发电机绕组的三角形联结　　图 2—30　三相负载的星形联结

2）线电压与相电压。负载两端的电压称为负载的相电压，若不计输电线路上的电压损失，负载的相电压就等于电源的相电压；三相负载的线电压就是电源的线电压。负载相电压与负载线电压之间的关系为：$U_{线}=\sqrt{3}U_{相}$。

3）线电流与相电流。星形负载接上电源后就有电流通过，流过每相负载的电流称为相电流，分别用 I_u、I_v、I_w 表示，或者统称 $I_{相}$；流过相线的电流称为线电流，用 I_U、I_V、I_W 表示，或者统称 $I_{线}$。从图 2—24 可知 $I_{线}=I_{相}$。

（2）三角形联结

1）联结方法。把三相负载分别接在三相电源每两根相线之间的接法称为三相负载的三角形联结，如图 2—31 所示。

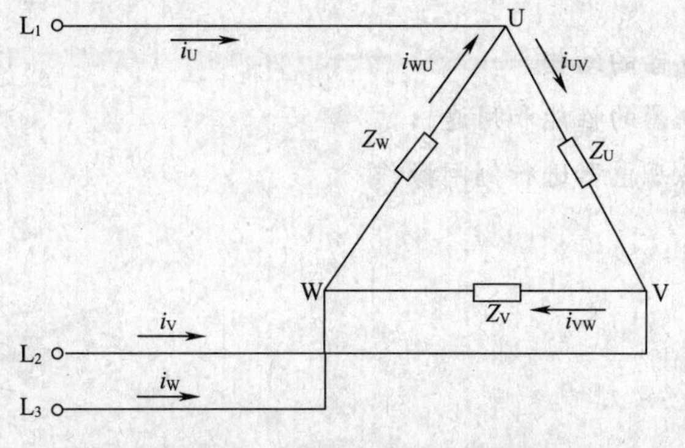

图 2—31　三相负载的三角形联结

2）线电压与相电压。在三角形联结中，因各相负载接在两根相线之间，故负载的相电压就是线电压，即 $U_{线} = U_{相}$。

3）线电流与相电流。三角形负载接上电源后，也会通过相电流和线电流，分别记作 I_u、I_v、I_w和 I_U、I_V、I_W。若三相负载对称，则 $I_{线} = \sqrt{3}I_{相}$。

4. 三相负载的功率

（1）不对称三相负载的功率。不论负载是星形联结还是三角形联结，三相负载的有功功率总是等于各相负载的有功功率之和，即：

$$P = P_u + P_v + P_w$$

（2）对称三相负载的功率。如果三相负载是对称的，那么：

$$P = P_u + P_v + P_w = 3P_{相}$$

不论负载是星形联结还是三角形联结都可以得出：

$$P = \sqrt{3}U_{线} I_{线} \cos\varphi$$

第 2 节　泵站常用低压电器

学习单元 1　低压电气设备

学习目标

➢了解泵站常用电器的结构

➢掌握常用低压电器的性能和用途

➢能够正确使用低压电器进行倒闸操作

知识要求

一、低压开关

1. 刀开关

（1）刀开关的性能和构成。刀开关是一种用手来操纵、对电路进行接通或断开的控制电器，安装在开关柜上。

20 世纪所建泵站使用的刀开关大多为三极单掷开关，分为带灭弧罩和不带灭弧罩两种。图 2—32 所示为 HD13 型带灭弧罩的刀开关。

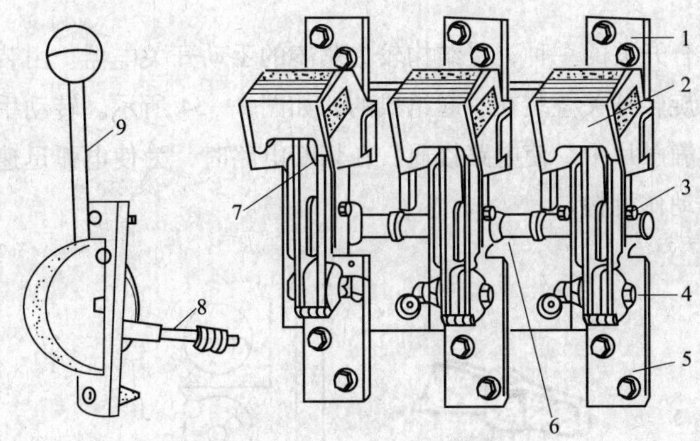

图 2—32　HD13 型刀开关

1—上接线端　2—灭弧罩　3—闸刀　4—底座　5—下接线端

6—主轴　7—静触头　8—连杆　9—操作手柄

带有灭弧罩的刀开关可切断较小的负荷电流；不带灭弧罩的刀开关只能在无负荷的情况下操作，作隔离开关用，严禁带负荷切断电路。

泵站还采用刀熔开关，是将刀开关与熔断器组合成一体的熔断式刀开关，图 2—33 所示为 HR3 型刀熔开关，具有刀开关和熔断器的双重性能。

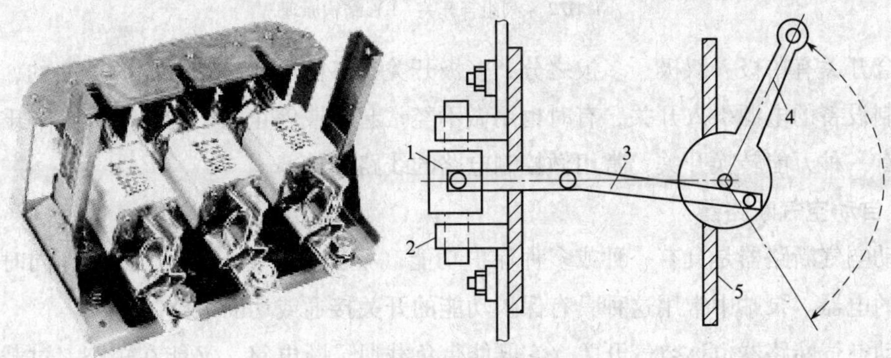

图 2—33　HR3 型刀熔开关结构示意图

1—RTO 型熔断器的熔管　2—弹性触座　3—连杆　4—操作手柄　5—配电屏面板

（2）刀开关的运行和维护

1）刀开关三相接触应同步。

2）操作手柄和连杆应灵活，无阻滞现象。

3）动、静触头应有足够的接触面，动、静触头必须无灼毛现象，清洁光滑，无锈蚀现象。

2. 转换开关

转换开关是组合开关的一种，是结构较为紧凑的手动开关电器。由装在同一根转轴上的单个或多个单极旋转开关叠装在一起组成的，如图 2—34 所示。转动手柄时，每一个动触片都插入相应的静触片中，使电路接通。在切断电路时，为使电弧迅速熄灭，在开关的转轴上装有快速的动作机构。

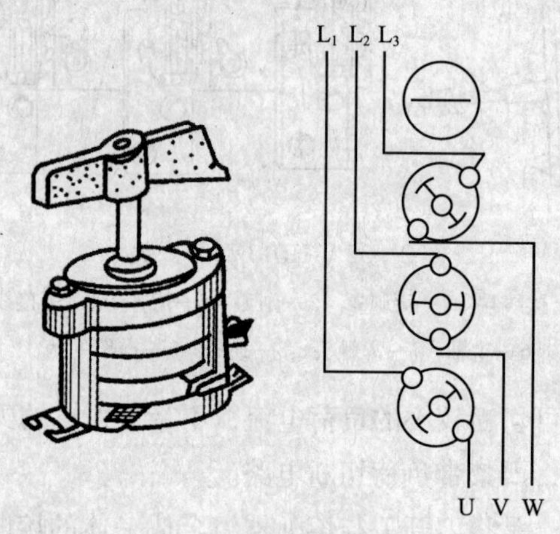

图 2—34　HZ2 系列组合开关

a）HZ2 系列组合开关　b）结构原理

组合开关有单极、双极、多极之分，多极开关是各极同时接通、同时分断的，常作为机械控制设备的电源引入开关，有时也用做不经常起动或停止的小型电动机操作开关。

还有一种万能转换开关，常用做控制电路的线路换接。

3. 自动空气断路器

自动空气断路器是具有一种或多种保护功能（短路、过载、失压保护），同时具有开关作用的电器。泵站中常用这种具有保护功能的开关接通或切断电路。

自动空气断路器也称空气开关，它既能带负载通、断电路，又能在短路、过载或失压时自动跳闸。泵站中多使用 DW10 型框架式自动空气断路器和 DZ10 型装置式自动空气断路器。

（1）DW10 型框架式自动空气断路器。DW10 型框架式自动空气断路器是一种敞开式低压断路器，也称万能式空气开关，只有底板，没有外壳，其断流容量较大，起保护作用的脱扣器种类较多，电磁脱扣器能作短路保护，欠电压脱扣器能作欠压保护，热脱扣器能作过载保护。图 2—35 所示为 DW10－200 框架式自动空气断路器。

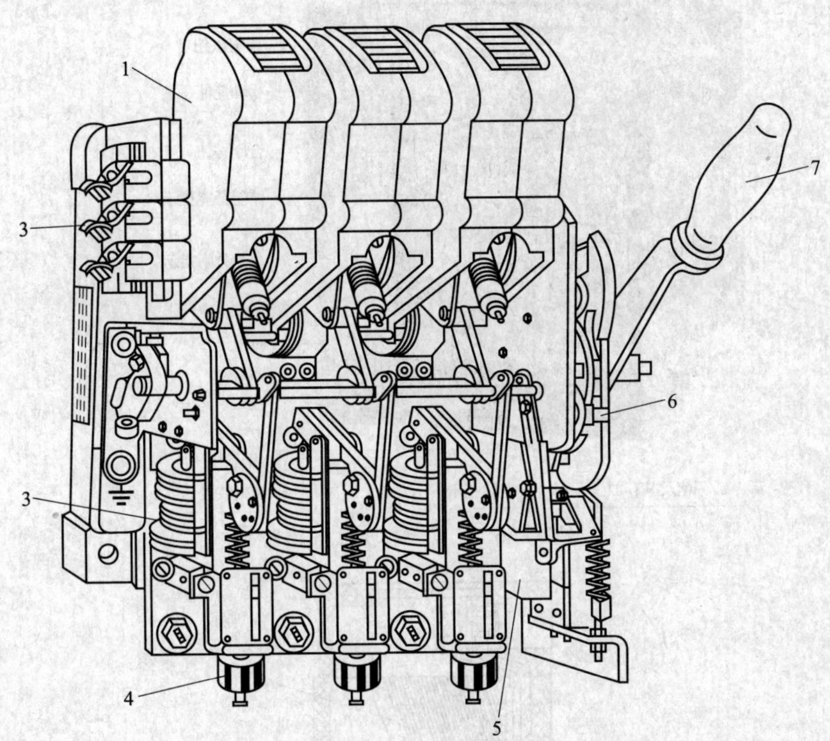

图 2—35　DW10－200 型框架式自动空气断路器

1—灭弧罩　2—辅助触头　3—过电流脱扣器

4—过电流脱扣器电流调整螺母　5—失压脱扣器　6—自动脱扣机构　7—操作手柄

由于其断流能力大，所以常在低压配电线路中作总电源开关。目前仍有一些低压泵站使用 DW10 型空气断路器。DW10 型空气断路器有手柄操作、电磁操作和电动机操作等方式。

21 世纪建造的泵站还常使用体积小、断流容量大、技术先进的 CW 型框架式断路器（见图 2—36）和进口的 M 开关作为低压泵站的总电源开关。

（2）DZ10 型装置式自动空气断路器。DZ10 型装置式自动空气断路器是一种装置式或塑料外壳式自动空气断路器，既可带负载通、断低压电路，也有短路和过载的保护功能，是广泛应用的一种低压电器，其外形和结构如图 2—37 所示。

DZ10 型空气断路器的操作多为手动，塑壳中央的操作手柄有三个位置：

1）合闸位置。手柄向上，跳钩被锁扣扣住，触头闭合。

2）脱扣位置。跳钩被释放（脱扣），手柄移至中间位置，触头断开。

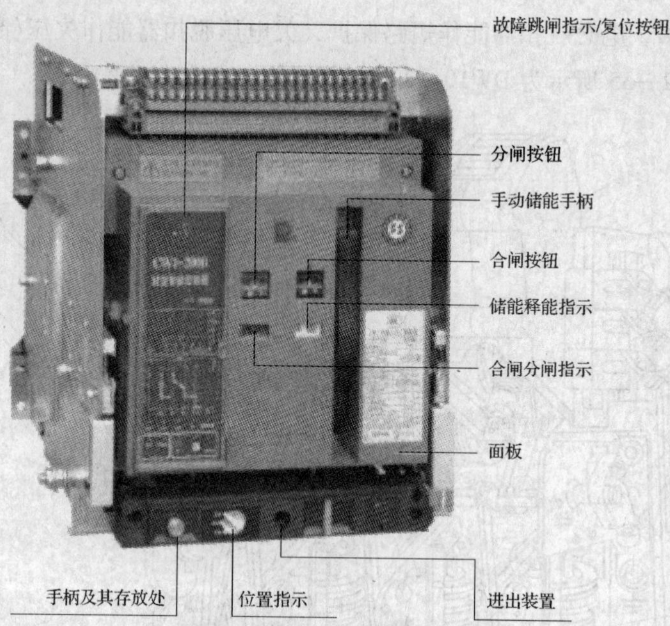

图 2—36　CW 型框架式断路器

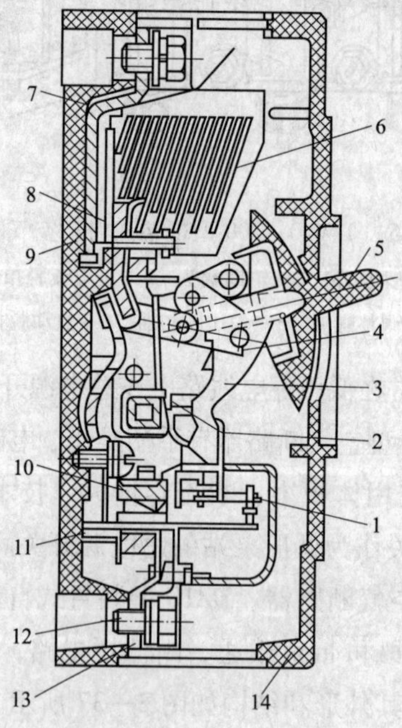

图 2—37　DZ10－250 型塑料外壳式自动空气断路器

1—牵引杆　2—锁扣　3—跳钩　4—连杆　5—操作手柄　6—灭弧室　7—引入线　8—静触头　9—动触头　10—电磁脱扣器　11—热脱扣器　12—引出线和接线端　13—塑料底座　14—塑料盖

3）分闸和再扣位置。手柄向下，跳钩已被锁扣扣住，从而完成了“再扣”的准备动作，为下次合闸作准备。

新建泵站还常用国产的CM型（见图2—38）和进口的NS型等空气断路器。

图2—38　CM型空气断路器

（3）自动空气断路器的日常检查和维护保养。自动空气断路器在泵站被广泛使用，所以机泵操作人员必须能够熟练操作，并作好日常检查和维护保养工作。

1）自动断路器的保护整定数值前后级要配合，其电磁脱扣器动作电流应大于电动机的起动电流；热脱扣器整定值大于电动机额定值。

2）应定期检查各部件进出线是否紧固良好，每次分断短路电流后应检查触头和灭弧栅的烧损情况，较小的毛刺要修平。

3）手动、电动操作机构动作正常，脱扣机构有效。

4）必须保持清洁，以防灰尘堆积引起短路。

5）自动空气断路器机构的各个摩擦部分必须定期涂润滑油。

二、主令电器

主令电器指在自动控制系统中发出指令或信号的操纵电器，有手动的按钮和自动的限位开关等。

1. 按钮

按钮是一种手动控制电器，专门用来发出信号、接通和断开控制电路，常和交流接触器共同组成半自动的电气控制电路。图2—39所示为LA 19－11型控制按钮的外形、结构和图形符号。

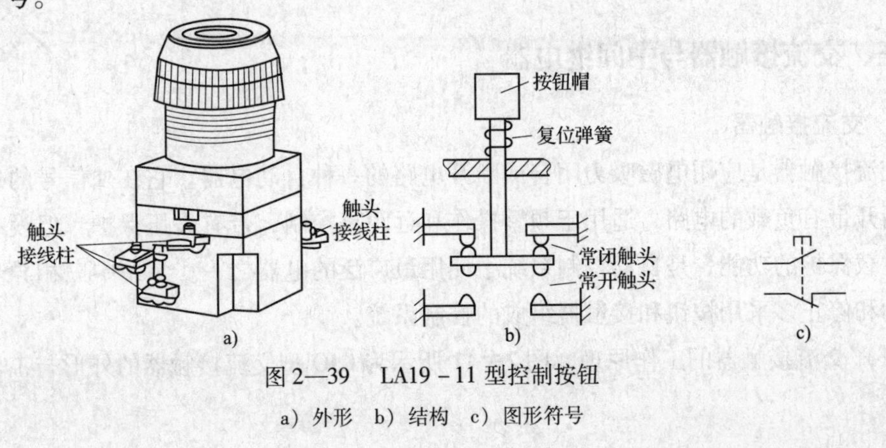

图2—39　LA19－11型控制按钮

a）外形　b）结构　c）图形符号

按钮分为常闭（动断）、常开（动合）和复合按钮，它们都由接线柱、触头、按钮和按钮帽以及复位弹簧组成。触头常包括一对或数对常闭（动断）触头（常用作停止）和一对或数对常开（动合）触头（常用做起动）。

选用按钮时，按使用场合，泵站内大多使用指示灯式的控制按钮，它是在一种透明的彩色按钮内装入信号灯以供信号显示，一般都以红色按钮作为停止按钮。

2．限位开关

限位开关（见图 2—40）是利用生产机械运动部件的碰撞而使其触头动作的一种电器，也是用来接通和断开控制电路的，常应用在电动机的双向起动控制线路上，如在闸门启闭器和格栅除污机等生产机械上都装有限位开关。

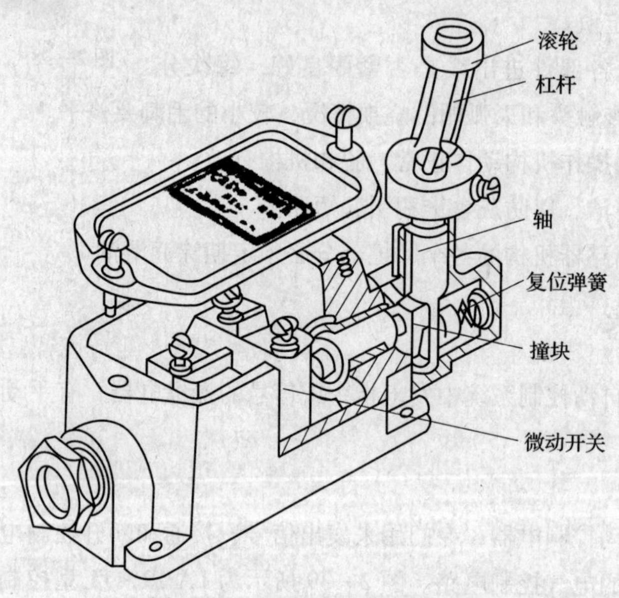

图 2—40　LK1－Ⅲ型限位开关

三、交流接触器与中间继电器

1．交流接触器

交流接触器是应用电磁吸力闭合或断开电路的一种自动电器。它在外信号的作用下接通或断开带有负载的电路，适用于频繁操作和远距离控制，带有失压保护，但没有短路保护和过载保护的功能，是自动控制系统中使用最广泛的电器之一。泵站中三相异步电动机的起动和停止多采用按钮和接触器组成的控制系统。

（1）交流接触器的工作原理。图 2—41 所示为 CJO 型交流接触器的外形与工作原理示意图。

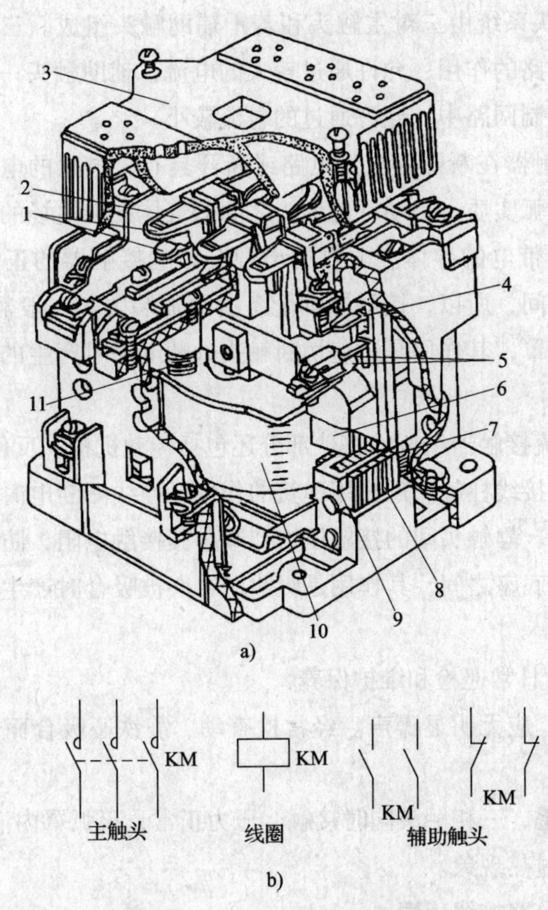

图 2—41　CJO 型交流接触器

a）外形图　b）图形符号和文字符号

1—常开主触头　2—触头压力弹簧片　3—灭弧罩　4，5—辅助触头

6—动铁心　7—缓冲弹簧　8—静铁心　9—短路环　10—线圈　11—反作用弹簧

在电磁系统的铁心线圈通入交流电后，线圈建立磁场，铁心磁化成电磁铁，将衔铁（动铁心）吸合，动触头随动铁心的吸合与静触头闭合而接通电路。当线圈断电或外加在线圈上的电压降低得太多时，在弹簧作用下，衔铁释放，动、静触头复位，电路断开。

（2）交流接触器的结构。交流接触器由电磁系统、触头系统、灭弧装置和其他部分等四个部分构成。

1）电磁系统。它是接触器的关键部分，由线圈、静铁心和动铁心等组成，能产生电磁吸力，驱使触头动作。动、静铁心都采用硅钢片叠成，铁心端部装有短路环以减弱铁心吸合时产生噪声和振动。

2）触头系统。触头系统由三对主触头和若干辅助触头组成。三对主触头接在主电路中，起接通和断开主电路的作用，允许通过较大的电流；辅助触头一般由几对常开触头和常闭触头组成，接在控制回路中，允许通过的电流较小。

3）灭弧装置。接触器在断开强电流电路或断开具有大电感的电路时，动、静触头间会产生很强的电弧。电弧实质上是动、静触头之间的气体在强电场的作用下产生的放电现象，电弧本身就可视为带电的导体。电弧的出现会影响接触器的正常工作，甚至烧坏触头，延长电路切断的时间，所以，接触器都配备有灭弧装置。一般额定电流 20 A 以上的交流接触器都设有灭弧罩，其作用是迅速切断触头分断电路时产生的电弧，以免发生触头损伤甚至熔焊。

4）其他部分。交流接触器组成的其他部分还包括传动机构、反作用弹簧、缓冲弹簧、触头压力弹簧、底座和接线柱等。反作用弹簧的作用是当线圈断电时使触头复位；触头压力弹簧的作用是增大动、静触头间的接触压力，减小其接触电阻，防止触头过热烧坏；缓冲弹簧安装在静铁心与底座之间，其作用是吸收动铁心被吸合时产生的冲击力，保护交流接触器的底座。

（3）交流接触器的日常巡检和维护保养

1）接触器吸合后，应无明显噪声。经常检查动、静铁心吸合面是否清洁，短路环是否良好。

2）触头无严重烧毛，三相触头同时接触，压力正常，灭弧罩内清洁。

3）线圈、触头无过热现象。

4）主电路和二次电路接线稳固。

5）合、分速度快，机械机构灵活无阻卡现象。

2. 中间继电器

继电器是一种传递信号的自动电器。继电器的输入信号可以是电压、电流等电量。其工作原理是在输入信号的作用下触头动作，从而输出信号，使其他电器通电或断电，在电路中起控制和保护作用。

中间继电器（见图 2—42）是将一个输入信号变成一个或多个输出信号的继电器。

中间继电器在结构上与交流接触器十分相似，动作原理也和接触器完全相同；所不同的是中间继电器触头对数较多，且没有主、辅触头之分。

图 2—42　中间继电器

四、低压保护电器

1. 熔断器

(1) 熔断器的作用和构成。熔断器由熔体和外壳组成，熔体俗称保险丝，是一种简单而有效的保护电器，主要用做短路和过载保护。熔断器串联在被保护的电路中，在正常情况下，相当于一根导线，当发生短路或过载时，电路电流急剧增大，熔丝或熔片因过热而熔断，自动将电路切断。它不仅起到对系统的保护作用，还起到了使电路与电源隔离的作用，在检修时是一个明显的断路点。

熔断器的主要元件是熔体，一般用低熔点铅锡合金做成圆截面的熔丝；在大电流电路中则用银、铜等材料制成薄片，当熔体熔断瞬间产生电弧时，便于灭弧。同时，为防止熔化的金属飞溅，伤及人身或线路，熔体都装在各种式样的外壳里，组成熔断器。

在泵站中，小电流电路常用瓷插式或螺旋式（RL 型）熔断器，如图 2—43 所示；大电流电路中则使用 RTO 式等熔断器，如图 2—44 所示。

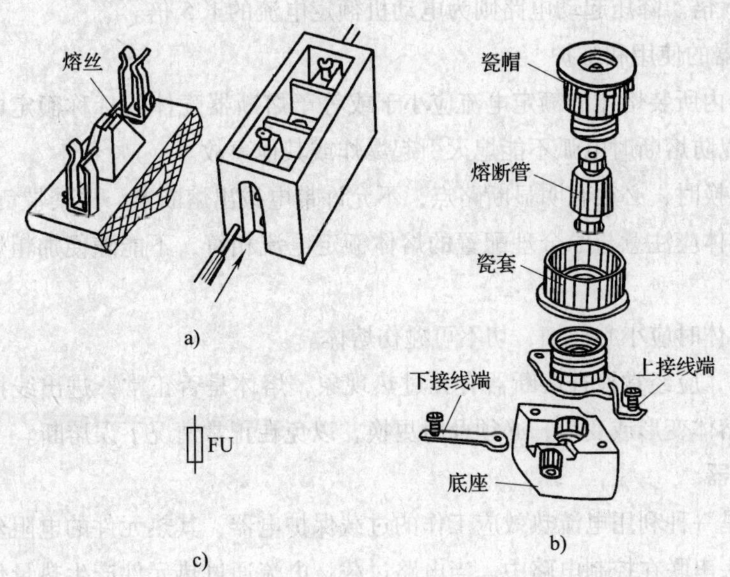

图 2—43 熔断器

a）瓷插式 b）螺旋式 c）文字和图形符号

(2) 熔体的正确选择。要根据电路的工作情况选择熔体容量。

1) 工作电流稳定的电路。如照明电路，选择熔体的容量应为最大负载时工作电流的 1.2~1.5 倍。

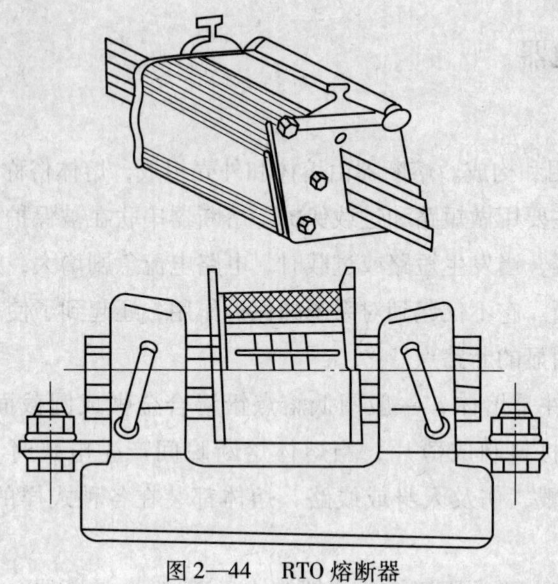

图 2—44　RTO 熔断器

2）单台电动机起动的电路。通常电动机直接起动电路可选择熔体额定电流为电动机额定电流的 2. 5 倍。降压起动电路则为电动机额定电流的 1. 5 倍。

（3）熔断器的使用和维护

1）熔断器内所装熔体的额定电流应小于或等于熔断器壳体的标称额定电流，决不能大于该电流，以防熔断时电弧不能熄灭引起爆炸或其他事故。

2）熔体更换时，必须有明显断路点，不允许带电拔出熔断器，严禁带负荷插拔。

3）更换熔体应注意与原合理配置的熔体额定电流相符，不能随便加粗熔体，使其失去保护作用。

4）安装熔体时应小心仔细，切不可碰伤熔体。

5）运行时，应经常检查熔断器有无过热现象，熔体是否正常，进出线接头处应紧固完好。如发现熔体变形或变色，必须及时更换，以免在正常情况下误熔断。

2. 热继电器

热继电器是一种利用电流热效应工作的过载保护电器，其热元件的电阻丝串联在主电路中，常闭触头串联在控制电路中。当电路过载，电流通过热元件产生热量促使双金属片弯曲变形，推动动作机构完成触头动作，使控制电路断开，以免电动机因过载而损坏。泵站中使用的 JRO 型热继电器，其外形及结构如图 2—45 所示。

其结构主要由五部分组成。

（1）热驱动元件。又称热元件，有两块或三块，是热继电器的主要部分，由双金属片和绕在外面的电阻丝组成，使用时将电阻丝串联在主电路中。

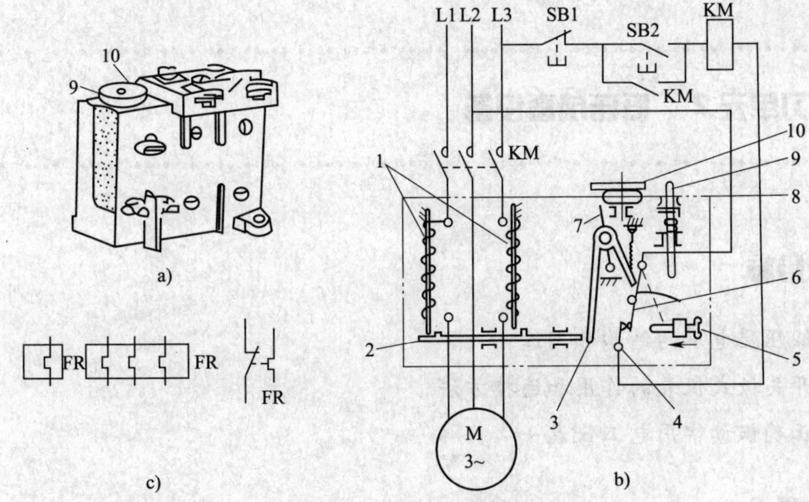

图 2—45　JRO 型热继电器

a）外形图　b）结构图　c）文字及图形符号

1—双金属片和电热丝　2—滑杆　3—人字拔杆　4—静触头

5—限位螺钉　6—动触片　7—摆杆　8—偏心凸轮　9—复位按钮　10—电流调节旋钮

（2）常闭触头。由动触头和静触头组成，使用时串联在控制电路中。

（3）传动机构。将双金属片的动作传到动触头。

（4）复位按钮。使动作后的动触头复位。

（5）调整装置。用以调整过载电流的大小。

技能要求

认知泵站常用低压电器

操作准备

刀开关、转换开关、低压断路器、动合按钮、动断按钮、复合按钮、限位开关、交流接触器、中间继电器、插入式熔断器、螺旋式熔断器、热继电器各 1 件。

操作步骤

步骤 1　从上述低压电器中找出低压开关（刀开关、转换开关、空气断路器）。

步骤 2　从上述低压电器中找出主令电器（各种按钮、限位开关）。

步骤 3　从上述低压电器中找出保护电器（各种熔断器、热继电器）。

步骤 4　从上述低压电器中找出交流接触器和中间继电器。

 学习单元2 低压成套设备

 学习目标

➢了解低压配电屏的结构和用途

➢掌握开关板式仪表的作用和连接方法

➢能够正确识读常用电工仪表

 知识要求

一、低压开关柜

低压开关柜又称低压配电屏，是成套配电装置的一种，是把各种配电设备按照一定的接线图有机地组合在一起。其优点是结构紧凑、占地少、维护检修方便，大大减少了现场的安装工作量。泵站中大量使用这种装置。

1. 低压配电屏的型号

20世纪所建泵站常用BDL和BSL型低压开关柜。BSL为双面维护，BDL则是单面维护；新泵站常用GCK、MNS抽出式低压柜或GBD等固定分隔式低压柜。

抽出式开关柜主要设备均装在抽屉内，便于维修和故障时换上备用抽屉。但抽屉接插件常易故障，随着电气元件可靠性的提高，新型泵站多使用固定分隔式开关柜。

2. 低压配电屏的性能

BSL－1型低压开关柜是在额定电压为500 V及以下，额定电流1 500 A及以下，频率为50 Hz的三相交流配电装置中的配电屏，适用于动力和照明的配电。配电屏的一次设备有刀开关、熔断器、低压断路器、交流接触器和电流互感器等。新型开关柜可用在额定电压660 V、额定电流4 000 A（甚至5 000 A）以下的场所。允许短路电流达50 kA（甚至100 kA）。图2—46就是BSL－1型低压开关柜的结构图。图2—47为GCK抽出式低压柜。图2—48为MNS抽出式低压柜。

低压配电屏上设置有开关板式仪表，如电压表、电流表等。

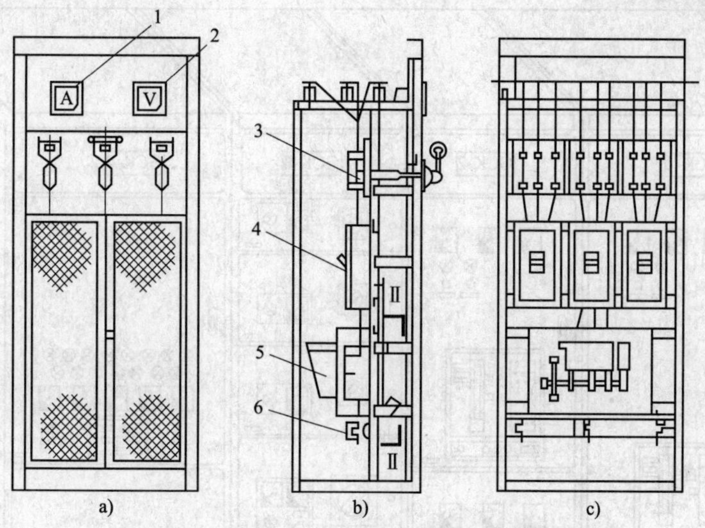

图 2—46　BSL－1 型低压开关柜外形与结构图

a）正视图　b）侧视图　c）背视图

1—电流表　2—电压表　3—三极单掷刀开关　4—自动空气断路器　5—交流接触器　6—电流互感器

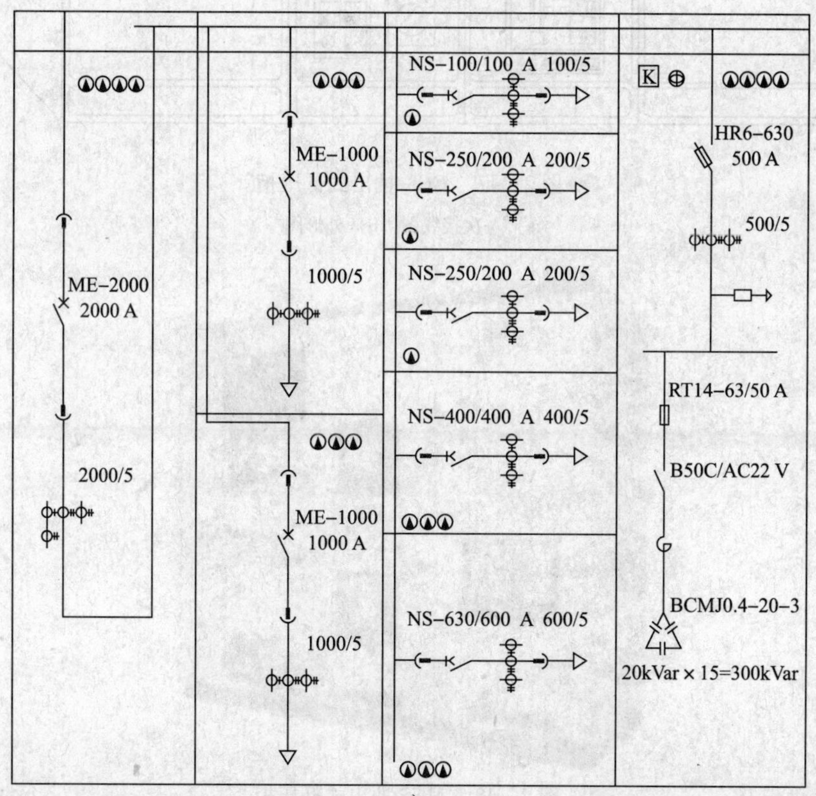

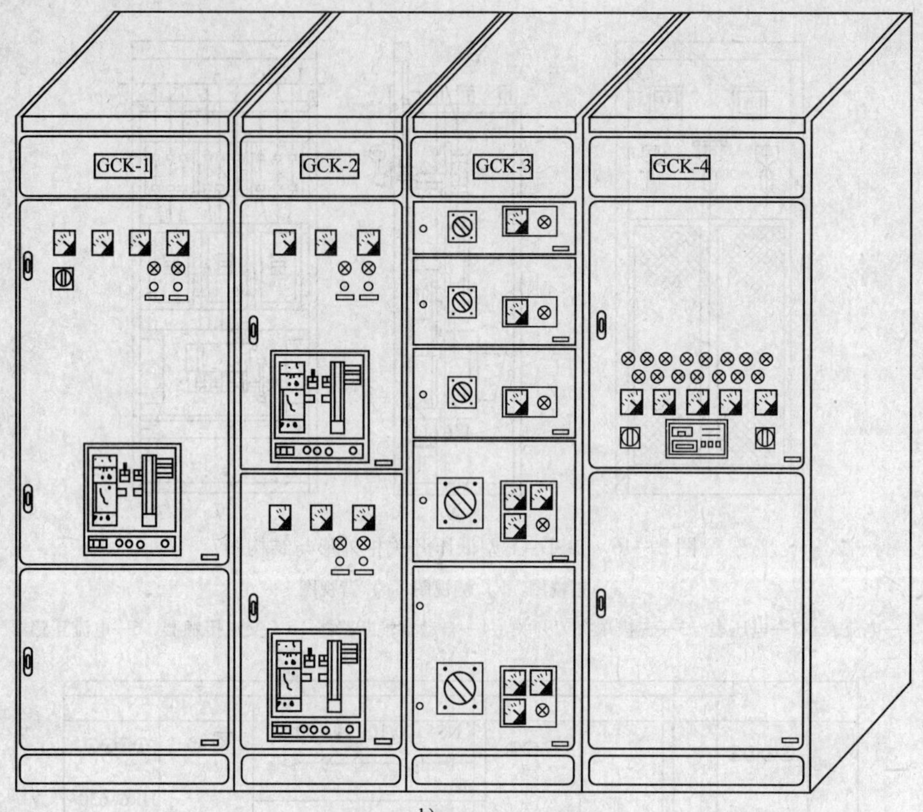

b)

图 2—47　GCK 抽出式低压柜

a）一次接线图　b）外形图

图 2—48　MNS 抽出式低压柜

二、开关板式仪表

泵站中都用电流表测量电流，电压表测量电压，电度表测量电能。日趋先进的各种仪表时刻监视着水泵机组的运行。仪表是泵站的一个重要组成部分，识读仪表是机泵操作人员必须掌握的一门基本技能。

仪表品类繁多，此处只介绍几种简单的电工仪表。

开关板式仪表就是指安装在配电屏上固定不动的仪表。

1. 电压表

测量电压的仪表称为电压表，又称伏特表。泵站中使用最多的是三相交流电压表。开关板式电压表精度并不很高，但坚实耐用。电压表安装时并联在电路中，配有转换开关可检测三相电压的平衡状况（见图 2—49）。

2. 电流表

测量电流的仪表称为电流表，也称安培表。泵站中使用最多的是三相交流电流表（见图 2—50）。它串联在电路中指示通过电路的交流电流强度，是水泵机组运行中最重要的监测仪表。

图 2—49　开关板式电压表

图 2—50　开关板式电流表

3. 功率因数表

测量电路中有功功率与视在功率比值的仪表称为功率因数表。在交流电路中，电压与电流的相位差（φ）的余弦 $\cos\varphi$ 称为功率因数。泵站中使用的是测量平衡三相交流电路中功率因数的仪表（见图 2—51）。

功率因数表的最大数值为 1。

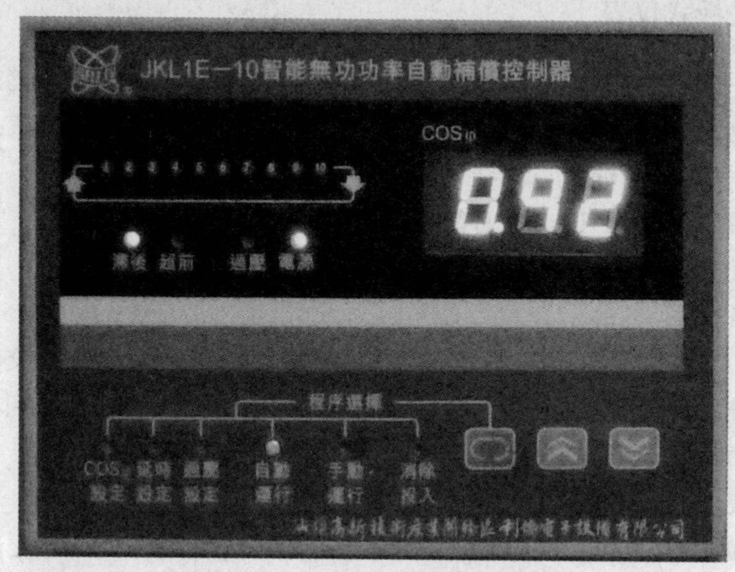

图 2—51　无功功率自动补偿控制器

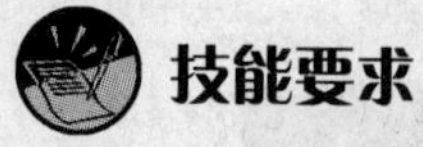

技能要求

识读电压表、电流表和功率因数表

操作准备

电压表、电流表、功率因数表各一个。

操作步骤

步骤 1　从上述仪表中找出电压表，读数，连接在电路中。

步骤 2　从上述仪表中找出电流表，读数，连接在电路中。

步骤 3　从上述仪表中找出功率因数表，读数，说明是否符合要求。

相关连接

可做成模拟板示教。

第 3 节 三相异步电动机

学习单元 1 电动机的基础知识

学习目标

➤了解电动机的分类和用途

➤熟悉三相异步电动机的结构

➤能够认知三相笼型异步电动机各构成部件

知识要求

一、电动机的分类和用途

1. 电动机及其分类

(1) 电动机的概念。电动机是一种将电能转换成机械能，同时输出机械转矩的动力设备。

(2) 电动机的分类

1) 按电源不同，电动机可分为直流电动机和交流电动机两大类。

2) 按相数不同，交流电动机可分为单相电动机和三相电动机。

3) 三相电动机可分为同步电动机和异步电动机。

4) 异步电动机按转子绕组结构不同，可分为笼型和线绕型两种。

5) 异步电动机按定子绕组工作电压不同，可分为高压和低压两种。

2. 电动机的用途

电动机是电力拖动系统中的原动机，它是工农业生产、人民生活乃至国防科技中不可或缺的动力设备。泵站中的各类水泵也都是由三相异步电动机作为原动机拖动的。

二、三相异步电动机的结构

三相笼型异步电动机是泵站中使用最为广泛的一种动力设备，主要由两大部分组成：

一部分是静止不动的部分，称为定子；另一部分是旋转部分，称为转子，如图 2—52 所示。

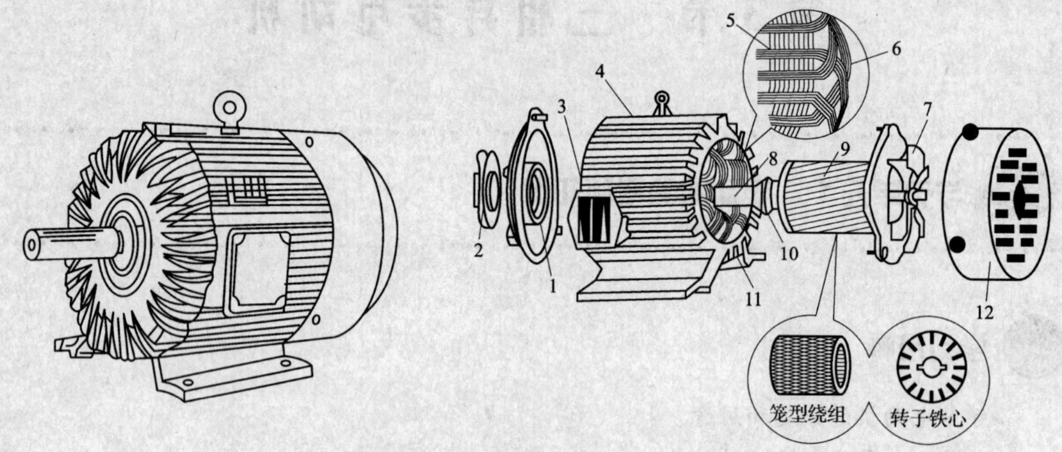

图 2—52　三相笼型异步电动机外形及结构

1—轴承盖　2—端盖　3—接线盒　4—散热筒　5—定子铁心　6—定子绕组
7—风扇　8—转轴　9—转子　10—轴承　11—机座　12—罩盖

1. 定子

定子部分由定子铁心、定子绕组和机座组成。

（1）定子铁心。定子铁心是电动机磁路的一部分，其作用是导磁。

（2）定子绕组。定子绕组是电动机的电路部分，当向定子绕组通入三相交流电时，在定子和转子之间的气隙中就产生了旋转磁场，带动转子转动。

（3）机座。机座是电动机的外壳和支架，作用是固定和保护定子铁心与定子绕组并支撑端盖，方便电动机的安装和固定。

2. 转子

转子是电动机的转动部分，由转子铁心、转子绕组和转轴组成。

（1）转子铁心。转子铁心是电动机磁路的一部分，是把相互绝缘的硅钢片压装在转子轴上的圆柱体，在硅钢片的外圆上冲有均匀的凹槽。转子铁心与定子铁心之间有一定的间隙，称为气隙，旋转磁场就是在气隙中产生的。

（2）转子绕组。笼型转子绕组（导线槽）供嵌放转子绕组用，是在转子导线槽内嵌放铜（铝）条，并用铜（铝）环（短路环）将全部铜（铝）条焊接成笼型，形成一个回路，如图 2—53 所示。

（3）转轴。转轴是用来支撑转子铁心和绕组，并传递电动机输出的机械转矩的。它保证了定子与转子之间均匀的气隙。

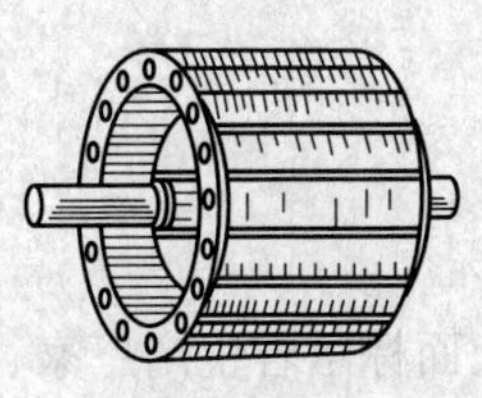
a)

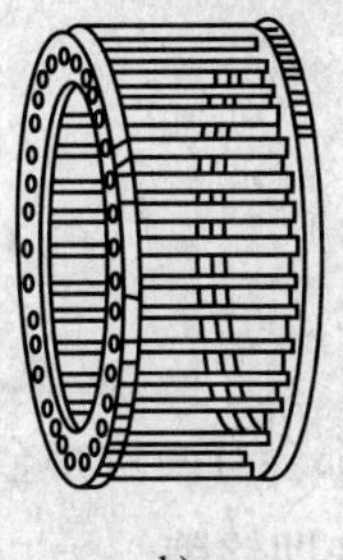
b)

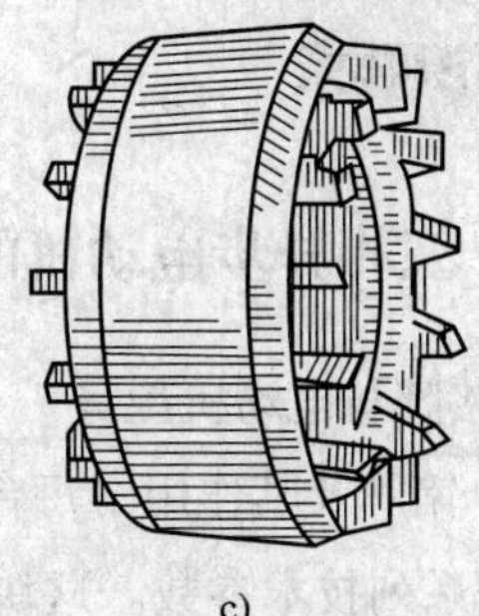
c)

图 2—53　笼型转子

a）笼型转子　b）笼型转子绕组　c）笼型铸铝转子

3. 其他部件

（1）端盖。端盖是起支撑转子和防护作用的，分上、下或左、右端盖，端盖内装有轴承。

（2）接线盒。接线盒是用来连接定子绕组的引出线和电源引入线的。

技能要求

认知三相笼型异步电动机各部件

操作准备

三相笼型异步电动机 1 台。

操作步骤

步骤 1　在众多零部件中找出三相笼型异步电动机的机座、定子铁心和定子绕组。

步骤 2　在众多零部件中找出三相笼型异步电动机的转子铁心、转子绕组和转轴。

步骤 3　在众多零部件中找出三相笼型异步电动机的端盖和接线盒。

学习单元 2　电动机的铭牌和额定数据

学习目标

➢了解电动机铭牌的内容

➢掌握电动机额定数据的含义

知识要求

一、三相异步电动机的铭牌

1. 铭牌与电动机型号

（1）铭牌及其作用。每台机器上都会有一块小金属牌，上面标示着生产厂家、生产日期以及一系列技术参数。这块小金属牌即铭牌。

电动机也不例外，每台电动机上都钉有一块铭牌，铭牌上标明了这台电动机的型号和各种技术数据。操作人员在使用电动机前应先了解其型号、熟悉技术参数，才能根据生产厂家的技术要求使用，否则会降低电动机的使用性能、工作效率和寿命。

图 2—54 所示是一台三相异步电动机的铭牌，可作为学习的实例。

三相异步电动机

型号	Y450 - 8	频率	50Hz
功率	450 kW	功率因数	0. 82
定子	6 000 V 55. 7 A	接线	Y
防护等级	IP23	环境温度	40℃
转速	741 r/min	绝缘等级	F
技术条件	JB/DQ3134 - 85	质量	3 740 kg
序号	Y943451	日期	1994 年 9 月

图 2—54 三相异步电动机铭牌

（2）电动机的型号。电动机的型号标示了电动机类型、机座大小、磁极数和保护形式等。电动机型号一般由产品代号、规格代号和特殊环境代号三部分组成。

1）产品代号。产品代号表示电动机的类型、性能和用途等，如某电动机型号为 Y - 132 - S1 - 2，“Y”表示异步电动机。

有时还可看到一些旧标准的电动机型号，如 J02 - 2 - 52 - 4，其中“J”表示交流异步电动机，这种标准现在已不再使用了。

2）规格代号。规格代号包括用字母表示的机座长短，用数字表示的机座中心高度、铁心长短以及定子绕组磁极数。

3）特殊环境代号。用于特殊环境的电动机通常在型号的最后用字母表示特殊环境。

如某电动机型号为 Y160L1 - 2H，表示这台异步电动机的长机座中心标高为 160 mm，

长铁心，2 磁极，船用。

电动机型号很多，可查阅相关手册或产品说明书了解具体情况。

2. 电动机的额定数据

铭牌上除了型号，更多标示的是这台电动机的技术参数，这些数据是操作人员使用和维护电动机的重要依据。

（1）额定功率（P_N）。额定功率指电动机在额定条件下运行时，转轴上输出的机械功率。通常用千瓦（kW）作为单位。

（2）额定电压（U_N）。额定电压指加在电动机定子绕组上的电源电压。通常用伏（V）或千伏（kV）作为单位。如果铭牌上出现的 U_N 为 220/380 V，则表示这台电动机的定子绕组可有星形联结和三角形联结，额定电压值分别为 220 V 和 380 V。

（3）额定电流（I_N）。额定电流指电动机在额定条件下运行时定子绕组的线电流强度。单位用安培（A）。

（4）额定频率（f_N）。我国工业用电频率为 50 Hz，所以三相异步电动机的额定频率都是 50 Hz。

（5）额定转速（n_N）。额定转速指电动机在额定条件下运行时的转速，额定转速是转子转速，总是略低于旋转磁场转速。额定转速的单位为 rad/min。

（6）额定效率（η）。额定效率指电动机在额定条件下运行，满载时转轴的输出功率 P_N 与输入电动机定子绕组的电功率 P_1 的比值，即 $\eta = \frac{P_N}{P_1} \times 100\%$。

3. 铭牌上的其他内容

（1）温升。温升指电动机运行时发热，其温度高出环境温度的数值，通常环境温度定为 40 ~45℃，电动机允许温升指在额定条件下运行时的允许升高的温度。电动机各部分的允许温升略有不同，一般不超过 60℃。

（2）绝缘等级。电动机的绝缘等级是指内部所采用绝缘材料的耐热等级。

绝缘等级与温升是密切相关的，如电动机绝缘等级为 A 级，表示所用绝缘材料容许温度为 105℃，允许温升为 60℃；如电动机的绝缘等级为 E 级，表示绝缘材料容许的最高温度为 120℃，允许温升为 75℃。

（3）接线方式。电动机的接线方式指定子三相绕组接入额定电压时的连接方式，一般有星形（Y）联结和三角形（△）联结。

（4）防护等级。电动机的防护等级是为了适应不同的使用环境而对外壳所作的不同要求。电动机的主要防护对象是固体异物、人体和水。防护等级的标志是 IP +2 位数字，如 IP44 等。两位数字各表示一种防护性能，其意义可查阅相关手册或产品说明书。

（5）工作方式。电动机的工作方式可分为连续工作方式、短暂工作方式和周期断续工作方式。一般都用长期连续工作方式，标示为 S1。

（6）技术条件。技术条件指电动机制造和检验所依据的技术标准的编号，如“GB”表示国家标准，后面的数字表示技术标准的编号。

第 4 节　倒　闸

学习单元 1　主接线图和工作票

学习目标

➢了解单电源供电低压泵站主接线图中主要电气设备的连接关系

➢熟悉倒闸操作工作票的格式和填写内容

➢能够参照主接线图根据操作任务填写倒闸操作票

知识要求

一、单电源供电泵站主接线图

1. 电气主接线图

电气主接线图是根据电能输送和分配要求，表示主要电气设备相互之间的连接关系的电气图。如泵站供电的主接线，包括变压器、互感器、避雷器、母线、断路器、隔离刀闸、线路等。为了示意得清晰和方便，通常将三相电路绘成单线图。电气主接线图又称电气一次接线图或单线图。

单电源供电泵站主接线图是最简单的电气一次接线图，如图 2—55 所示。

2. 相关图形符号和文字符号

电气主接线图是由图形符号相互连接而成，并标注文字符号和数字做进一步说明的电气单线图。在识读电气主接线图之前，必须熟悉这些符号及其所表示的含义。电气接线图常用图形符号和文字符号见表 2—1。

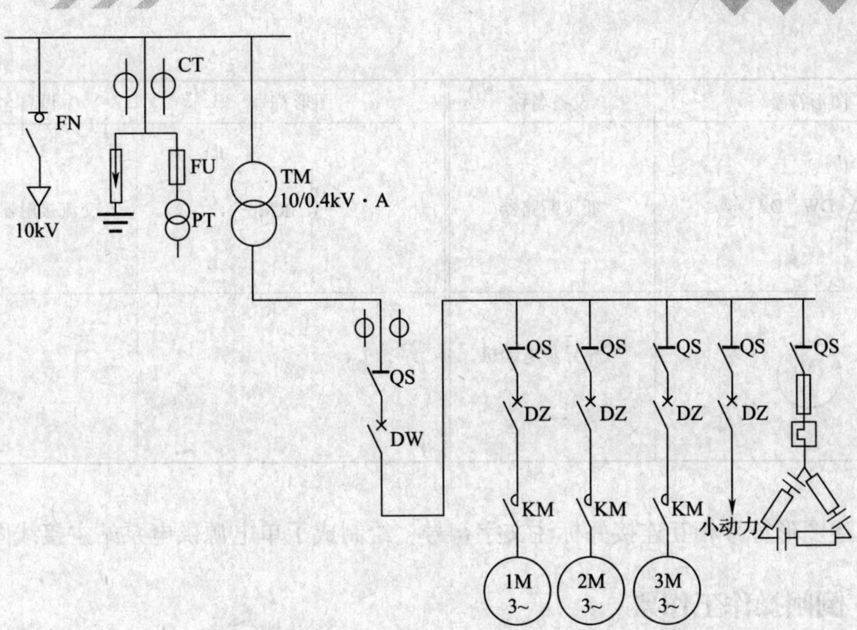

图 2—55　单电源供电低压泵站主接线图

表 2—1　　　　电气主接线图常用图形符号和文字符号

图形符号	设备名称	图形符号	设备名称
	电缆	FN	高压负荷开关
CT ××/5A	电流互感器		避雷器
FU	熔断器	PT ××/100V	电压互感器
TM ××kV · A	变压器	QS	隔离开关

续表

图形符号	设备名称	图形符号	设备名称
DW、DZ	低压断路器	KM	交流接触器主触头
M 3~	三相异步电动机		

由上述图形符号相互连接并标注文字符号，绘制成了单电源供电泵站主接线图。

二、倒闸操作工作票

倒闸操作是指拉开或合上某些断路器和隔离开关，拉开或合上某些直流操作回路，切断或投入某些继电保护装置和自动装置，拆除或装设临时接地线及检查设备绝缘的工作。

当电气设备由一种状态转换到另一种状态或改变系统的运行方式时，需要一系列的倒闸操作才能完成。如泵站内的清扫变压器工作或将一路进线供电变换成二路进线同时供电，都需要进行倒闸操作。对机泵操作人员来说，这是一项必须熟练掌握的工作。

1. 要求与规定

倒闸操作是机泵操作人员最为重要的一项工作，除了突然停电或设备故障等情况外，规定在倒闸操作前必须填写倒闸操作工作票，经有关电气负责人审核后方可操作。

填写倒闸操作工作票要求机泵操作人员必须充分熟悉电气运行方式，电气设备相互之间的连接，负荷分配，继电保护及自动装置的整定值等有关技术数据。按正确的一次接线图，运用统一的术语、电气设备的命名及标志来填写。其填写正确与否将直接影响倒闸操作的进行和泵站电气设备及操作人员的人身安全。

（1）操作人员所进行的一切倒闸操作，包括根据调度口头指令所进行的操作和根据工作票所进行的验电、装拆接地线、取放控制回路保险器等操作，均需填写倒闸操作票。

（2）一张操作票只能填写一个操作任务。一个操作任务只根据同一个调度命令进行一次不间断操作。

（3）倒闸操作票须连号使用。

（4）对单人值班泵站，倒闸操作票由发令人向值班员用电话等方式传达。值班员应根据传达，填写操作票，复诵无误，并在“审核人”签名处填入发令人的姓名。

(5) 下列操作可以不用操作票，但应记入运行日志中：

1) 事故处理。

2) 拉、合开关的单一操作（包括限电操作）。

3) 拉开接地闸刀或拆除全站仅有的一组接地线。

(6) 操作票中应填写的内容

1) 操作任务。

2) 应拉合的断路器及隔离开关的名称、编号。

3) 检查断路器及隔离开关的分、合实际位置。

4) 投入或取下控制回路、信号回路、电压互感器回路的熔断器。

5) 定相或检查电源是否符合并列条件。

6) 检查负荷分配情况。

7) 断开或投入保护（压板）或自动装置。

8) 检查回路是否确无电压。

9) 挂、拆接地线（合、拉接地刀闸），检查接地线（接地刀闸）是否拆除（拉开）等。

2. 常用术语

(1) 倒闸操作标准设备名称。在填写倒闸操作票中的设备名称时必须按标准规范写入。具体规定如下：

主变、所用变（厂变）、开关、闸刀（刀闸）、接地闸刀（刀闸）、母线、线路、压变、流变、电缆、避雷器、电容器、电抗器、消弧线圈、令克（跌落熔断器）、保护。

(2) 倒闸操作常用操作术语。倒闸操作票中要填写操作动词，这些操作动词也必须按规定填写。具体的操作术语如下：

1) 断路器、开关、闸刀（刀闸）、接地闸刀（刀闸）。合上、拉开。

2) 接地线。装设（挂）、拆除。

3) 各种熔丝。放上、取下。

4) 继电保护及自动装置。启用、停用。

5) 压板。放上、取下、投入、推出、或从××位置切至××位置，短路并接地。

6) 交直流回路各种转换开关。从××位置切至××位置（二次插件：插入、拔出）。

7) 二次低压断路器。合上、分开。

8) 二次回路小闸刀。合上、拉开。

9) 小车、中置开关。由××位置拉、推或摇至××位置。

3. 填写要求

倒闸操作票必须严格按规定填写，具体规定、要求如下：

（1）受令后，当值正、副值班员一起核对实际运行方式、一次系统模拟接线图，明确操作任务和操作目的，核对操作任务的安全性、必要性、可行性及正确性，确认无误后，即可开始填写操作票。

（2）填票人应根据操作任务对照一次系统模拟图及二次保护与设备等方面的资料，认真细心、全面周到、逐项填写操作步骤，填写完毕应自行对照审核，在填票人栏内亲笔签名。

（3）倒闸操作票票面应整洁，字迹应清楚。签名栏必须由值班员本人亲自签名，不得代签或漏签。

（4）下列各项应作为单独的项目填入操作票内：

1）拉、合开关（断路器）。

2）拉、合闸刀。

3）为了防止误操作，在操作前应对有关设备的运行位置进行检查，并在检查后立即操作。对于其他操作项目，在操作后检查操作情况是否良好，可不作为单独的项目填写，而只要在该项操作项目的后面注明，检查后必须打钩。

4）验电及装设、拆除接地线的明确地点及接地线的编号（拉、合接地闸刀的编号）。其中每处验电及装设地线（含接地闸刀）应作为一个操作项目填写。填写接地线编号只要在该项的最后注明即可，如“在××验明三相确无电压后装设接地线一组（1#）”。

5）检修结束后恢复送电前，对送电范围内是否有遗留接地线（接地闸刀）等进行的检查。

6）当需停下两个并列运行回路的其中一处而将负荷移至另一回路时，操作前对另一回路所带负荷及回路情况进行检查。

7）取下、放上控制回路、电压互感器回路保险器。

8）切除保护回路压板和用专用高内阻的电压表检验出口压板两端无电压后投入保护压板。同时切除和投入多块压板可作为一个操作项目填写，但每投、切一块压板时应分别打钩。

9）设备二次转（切）换开关、方式选择开关的操作。

（5）操作票中下列三项不得涂改：

1）设备名称编号和状态。

2）有关参数（包括保护整定值参数、调度发令时间、操作开始时间）。

3）操作动词。

（6）在一项操作任务中，如需同时拉开几个开关时，允许在先行拉开几个开关后再分别拉开闸刀，但拉闸刀时必须在每检查一个开关的相应位置后，方可分别拉开对应的两侧闸刀。

技能要求

填写单电源供电泵站“进线停电”倒闸操作票

操作准备

1. 仔细识读单电源供电泵站一次接线图（见图2—55）。

2. 充分理解操作任务。

操作步骤

步骤1 填写倒闸操作票中站名、申请时间、实际工作开始和终止时间、出票人、操作人、监护人、工作班人员、操作任务等。

步骤2 填写操作内容。

步骤3 在主接线图上标示有电部位和接地部位。

步骤4 对照图2—55，填写“进线停电”倒闸操作票（见表2—2）。

表2—2 操作工作票

××××泵站　　申请日期××年 ××月××日

计划工作开始时间	××年××月××日××时××分	计划工作终结时间	××年××月××日××时××分
实际工作开始时间	年 月 日 时 分	实际工作终结时间	年 月 日 时 分
出票人	×××	工作班人员	×××、×××、×××、×××
操作人	×××	工作负责人（监护人）	×××
工作内容	进线停电		

执行记录	操作程序	操作项目
	1	所有负载处于静止状态
	2	拉电容柜隔离开关
	3	分小动力柜空气断路器
	4	拉小动力柜隔离开关
	5	分3#电动机柜空气断路器
	6	拉3#电动机柜隔离开关
	7	分2#电动机柜空气断路器
	8	拉2#电动机柜隔离开关

续表

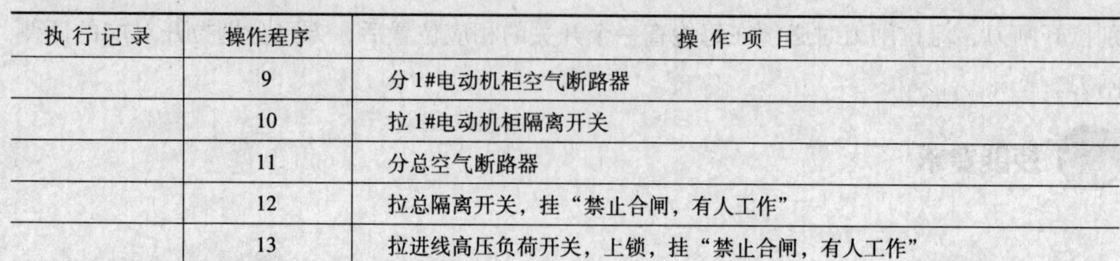

执行记录	操作程序	操作项目
	9	分1#电动机柜空气断路器
	10	拉1#电动机柜隔离开关
	11	分总空气断路器
	12	拉总隔离开关，挂“禁止合闸，有人工作”
	13	拉进线高压负荷开关，上锁，挂“禁止合闸，有人工作”

注意事项

严禁带负荷拉合刀闸，一张工作票中如出现带负荷拉合刀闸即成废票，会给实际操作带来不可估量的危害。

填写单电源供电泵站“清扫设备”倒闸操作票

操作准备

1. 仔细识读单电源供电泵站一次接线图（见图2—55）。

2. 充分理解操作任务。

操作步骤

步骤1　填写倒闸操作票中站名、申请时间、实际工作开始和终止时间、出票人、操作人、监护人、工作班人员、操作任务等。

步骤2　填写操作内容。

步骤3　在主接线图上标示有电部位和接地部位。

步骤4　对照图2—55，填写“清扫设备”倒闸操作票（见表2—3）。

表2—3　　**操作工作票**

××××泵站　　申请日期××年 ××月××日

计划工作开始时间	××年××月××日××时××分	计划工作终结时间	××年××月××日××时××分
实际工作开始时间	年 月 日 时 分	实际工作终结时间	年 月 日 时 分
出票人	×××	工作班人员	×××、×××、×××、×××
操作人	×××	工作负责人（监护人）	×××
工作内容	清扫设备		

执行记录	操作程序	操作项目
	1	所有负载处于静止状态
	2	拉电容柜隔离开关

续表

执行记录	操作程序	操作项目
	3	分3#电动机柜空气断路器
	4	拉3#电动机柜隔离开关
	5	分2#电动机柜空气断路器
	6	拉2#电动机柜隔离开关
	7	分1#电动机柜空气断路器
	8	拉1#电动机柜隔离开关
	9	分总空气断路器
	10	拉总隔离开关，挂“禁止合闸，有人工作”
	11	拉进线高压负荷开关，上锁，挂“禁止合闸，有人工作”
	12	在变压器高低压两侧分别进行验电、放电、反复验电工作
	13	在变压器高低压两侧各接1副接地线
	14	在进线高压负荷开关的操作手柄上悬挂“已接地”标示牌2块
	15	送电顺序与此相反

学习单元2　倒闸操作

学习目标

➢了解倒闸操作的目的和意义

➢熟悉倒闸操作的组织措施和技术措施

➢掌握倒闸操作的具体规定和技术要求

➢能够对单电源供电低压泵站的水泵机组熟练、正确地进行倒闸操作

知识要求

一、倒闸操作与电气设备的状态

1. 倒闸操作的目的和意义

（1）将电气设备从一种状态转换到另一种状态的过程称为倒闸，为此而进行的操作称为倒闸操作。

（2）倒闸操作是机泵操作人员最基本、最重要的一项工作，只有通过倒闸操作才能使电动机从停止状态进入运行，或从运行状态变为停止。也就是说，水泵机组的输排水工作都是在倒闸操作的前提下进行的。

2. 电气设备的状态

（1）运行状态。电气设备的运行状态指某回路中的刀开关和自动空气断路器都处于合闸位置，电源至受电端，电路得以接通。

（2）热备用状态。电气设备的热备用状态指某回路中的自动空气断路器已断开，而刀开关仍处于合闸位置。

（3）冷备用状态。电气设备的冷备用状态指某回路中的自动空气断路器和刀开关均处于断开的位置。

（4）检修状态。电气设备的检修状态指某回路中的自动空气断路器和刀开关都已断开，同时挂好临时接地线，悬挂标示牌，装好临时遮拦。

二、倒闸操作的安全措施

倒闸操作是一种既重要又复杂的工作，若发生误操作事故，可能造成电气设备的损坏，危及人身安全同时造成停电事故，所以必须采取有效的安全措施加以防止。这些安全措施主要指组织措施和技术措施。

1. 组织措施

保证安全的组织措施有工作票制度，工作许可制度，工作监护制度，工作间断、终结和转移制度。

（1）工作票制度

1）在电气设备上工作，必须使用工作票（事故紧急抢修可不用工作票，但必须有上级电气负责人到现场交任务、交措施、查安全）。

2）工作票应由泵站长或熟悉设备的相关人员填写，上级电气负责人审核后有效，上级电气负责人对以下各项负完全责任：工作的必要性，工作是否安全，工作票上所写的安全措施是否正确完备。

3）工作票应填写一式两份，须填写正确、清楚，不得任意涂改。若泵站全部停电，并需供电局停电配合，则该泵站应提前一星期交上级电气负责人审核后填报停电申请单，向供电部门提出停电申请。

4）上级电气负责人接收工作票时，对于工作票内容发生疑问，应立即向工作票填写者询问清楚，必要时要求其对工作票作详细补充，填写明确。

5）两份工作票，一份由工作监护人收执，另一份由上级电气主管人员保存。

（2）工作许可制度

1）工作许可制度的内容包括：工作人员、监护人员在两份工作票上签字，并交电气负责人签收；监护人应对工作人员指明有电设备及需清扫或修理设备的位置；监护人应在工作人员面前用手触试已停电并已接地和短路的导电部分，证明无电。

2）工作开始后，工作监护人除负责监护工作人员外，不能让其他人员进入现场。

（3）工作监护制度

1）工作人员经许可开始工作后，监护人应对工作人员的安全进行监护，如有不正确的动作，应立即提出警告。

2）工作监护人必须始终在工作地点不间断地监护工作人员。若因故必须离开工作地点，应指定能胜任的人员临时代替。在离开前向代替人交代工作任务和安全事项，通知全体工作人员。

3）工作监护人在全部停电时，可以一起参加工作，但在部分停电时，只有在室内所有带电部分位置甚远或遮拦安全可靠，不会发生误触带电部分的情况下，才能参加工作。

4）监护人员如发现工作人员严重违反安全工作规程，或任何危及工作人员安全的情况，经教育不听者，应立即停止该人员工作，并报有关部门。

（4）工作间断、终结和转移制度

1）在一个工作日，工作需要间断（如吃饭、休息等）时，全体工作人员应离开工作地点，工作票仍由工作监护人执存，所有标示牌、遮拦和接地线仍保持不动。工作间断后再开始工作，也由监护人带领后方可继续工作。

2）当班值班人员非经工作监护人在工作票上填明工作终结，没有监护人通知，不得将停电的施工设备合闸送电。

3）工作结束后，工作人员应仔细清扫整理现场，工作监护人应会同工作人员认真检查，然后办理工作终结手续，工作终结后不允许再在设备上进行工作。泵站值班人员在接到监护人关于工作结束、工作地点清理完毕和工作人员全部撤离的通知后，立即巡视设备并再次检查工作地点是否有遗留物件等。

4）工作人员及监护人员在完成下列工作后，工作票方可终结：拆除所有接地线，清点接地线数目，并对照编号检查；拆除临时遮拦及各标示牌；恢复常设遮拦。

5）线路停电检查工作全部完成后，应向上级电气负责人汇报，经同意后方可送电。

2. 技术措施

保证安全的技术措施是指在全部停电或部分停电的电气设备上工作，必须完成停电、验电、装设临时接地线、悬挂标示牌和装设遮拦。

（1）停电

1）停电是停止向检修设备送电，这时各方面的电源必须完全断开（任何运行中的星形联结设备的中性点都视为带电设备）。禁止在只经开关断开电源的设备上工作，必须拉开刀闸，使各方面至少有一个明显的断开点。与停电设备有关的变压器和电压互感器，必须从高、低压两端断开，防止向停电检修设备反送电。

2）断开开关和刀闸的操作电源。刀闸操作手柄必须锁住。

（2）验电

1）验电时，必须用电压等级合适且合格的验电器，在检修设备进出线两侧各相分别验电。验电前，应先在有电设备上进行试验，确定验电器良好。

2）高压验电必须戴绝缘手套。验电时应使用相应电压等级的专用验电器。

（3）装设临时接地线

1）当验明设备确已无电后，应立即将检修设备接地并三相短路。这是保护工作人员，防止在工作地点突然来电的可靠安全措施，同时设备断开部分的剩余电荷也可因接地而放尽。

2）对于可能送电至停电设备的各方面或停电设备可能产生感应电压处都要装设接地线，所装接地线与带电部分应符合安全距离的规定。

3）装设临时接地线必须由两人进行。若为单人值班，只允许使用接地刀闸接地。

4）装设临时接地线必须先接接地端，后接导体端，必须接触良好。拆卸接地线的顺序与此相反。装、拆接地线均应使用绝缘棒并戴好绝缘手套。

5）接地线应用多股软铜线，其截面积应符合短路电流要求，不得小于 25 mm^2。

接地线每次装设以前应经过详细检查。损坏的接地线应及时修理或更换。禁止使用不符合规定的导线作接地或短路之用。

接地线必须使用专用的线夹固定在导体上，严禁用缠绕的方法进行接地或短路。

6）每组接地线均应编号，并存放在固定地点。存放位置也应编号，接地线号码与存放位置号码必须一致。

7）装、拆接地线应做好记录，交接班时应交代清楚。

（4）悬挂标示牌和装设遮拦

1）在一经合闸即可送电到工作地点的开关和刀闸的操作手柄上均应悬挂“禁止合闸，有人工作”和“已接地”标示牌。

2）部分停电的工作，安全距离小于规定范围（10 kV 及以下 0. 70 m，20 ~ 35 kV 为 1. 00 m）以内的未停电设备，应装设临时遮拦。临时遮拦与带电部分的距离不得小于规定数值（10 kV 及以下为 0. 35 m，20 ~ 35 kV 为 0. 60 m）。临时遮拦可用干燥木材、橡胶或其他坚韧绝缘材料制成，装设应牢固，并悬挂“止步，高压危险”的标示牌。

三、倒闸操作的具体规定

1. 倒闸操作必须根据值班调度员或电气负责人的命令，由受令人复诵无误后执行。

2. 发布命令应准确、清晰，使用正规操作术语和设备双重名称，即设备名称和编号。

3. 倒闸操作由泵站长或熟悉设备的相关人员填写操作票。

4. 每张操作票只能填写一个操作任务。

5. 倒闸操作必须由两人执行，其中对设备熟悉的作监护人，受令人复诵无误后执行；单人值班的变配电室，一般情况下不允许值班人员独立对高压设备进行倒闸操作。

6. 开始操作前，应根据操作票的顺序先在操作模拟板上进行核对性操作。

7. 操作前，应先核对设备的名称、编号和位置，并检查断路器、隔离开关、低压断路器、刀开关的通断位置与工作票所写的是否相符。

8. 操作中，应认真执行复诵制、监护制，发布操作命令和复诵操作命令应严肃认真，声音洪亮、清晰，必须按操作票填写的顺序逐项操作。每操作完一项，应由监护人检查无误后在操作票项目前打钩。全部操作完毕后再核查一遍。

9. 操作中发生疑问时，应立即停止操作并向电气负责人报告，弄清楚问题后再进行操作，不准擅自更改操作票。

10. 操作人员与带电导体应保持足够的安全距离，同时应穿长袖衣服和长裤。

11. 用绝缘棒拉、合高压隔离开关及跌落式开关或经传动机构拉、合高压断路器及高压隔离开关时，均应戴绝缘手套；操作室外设备时，还应穿绝缘靴。有雷电时禁止进行倒闸操作。

12. 装卸高压熔丝管时，必要时使用绝缘夹钳或绝缘杆，应带护目眼睛和绝缘手套，并应站在绝缘垫（台）上。

13. 雨天操作室外高压设备时，绝缘棒应带有防雨罩，还应穿绝缘靴。

14. 变配电室的值班员，应熟悉电气设备调度范围的划分；凡属供电局调度的设备，均应按供电局调度员的操作命令方可进行操作。

15. 不受供电局调度的双电源（包括自发电）用电单位，除非允许，严禁并路倒闸（倒闸时应先停常用电源，“检查并确认在开位”，后送备用电源）。

16. 在发生人身触电事故时，可以不经许可即行断开有关设备的电源，但事后必须立即报告上级。

四、倒闸操作的技术要求

1. 停电拉闸操作，必须按照“断路器（开关）、线路侧隔离开关（刀闸）”的顺序依次进行。送电合闸操作应按与上述相反的顺序进行，严禁带负荷拉闸。

2. 变压器两侧（或三侧）开关的操作顺序规定如下：停电时，先拉开负荷侧开关，后拉开电源侧开关；送电时的顺序与此相反（不能带负荷切断电源）。

3. 单极隔离开关及跌落式开关的操作顺序规定如下：停电时，先拉开中相，后拉开两边相；送电时的顺序与此相反。

4. 双回路母线供电的变电所，当出线开关由一段母线倒换至另一段母线供电时，应先断开待切换母线的电源侧负荷开关，再合母线联络开关。

5. 操作中，应注意防止通过电压互感器二次返回的高压。

6. 用高压隔离开关和跌落开关拉、合电气设备时，应按照产品说明书和试验数据确定的操作范围进行操作。无资料时，可参照下列规定（指系统运行正常下的操作）：

（1）可以分、合电压互感器、避雷器。

（2）可以分、合母线充电电流和开关的旁路电流。

（3）可以分、合变压器中性点直接接地点。

（4）10 kV 室外三极、单极高压隔离开关和跌落开关，可以分、合的空载变压器容量不大于 560 kV · A；可以分、合的空载架空线路长度不大于 10 km。

（5）10 kV 室内三极隔离开关可以分、合的空载变压器容量不大于 320 kV · A，可以分、合的空载架空线路长度不大于 5 km。

（6）分、合空载电缆线路的规定可参阅有关规定。

（7）采用电磁操作机构合高压断路器时，应观察直流电流表的变化，合闸后电流表应返回零位；连续操作高压断路器时，应观察直流母线电压的变化。

技能要求

水泵机组开泵倒闸操作

操作步骤

步骤 1 合上刀开关。

步骤 2 合上空气断路器。

步骤 3 按下动合按钮。

水泵机组停泵倒闸操作

操作步骤

步骤 1　按下动断按钮。

步骤 2　拉开空气断路器。

步骤 3　拉开刀开关。

第 3 章

泵站操作

第1节 泵站管理

学习单元1 泵站基本知识和岗位职责

学习目标

➢了解泵站的分类和作用

➢熟悉泵站的规章制度和岗位职责

➢掌握泵站日常工作的内容和操作方法

知识要求

一、泵站的分类和作用

泵站是由水泵、机电设备及配套建筑物组成的提水设施，包括水泵机组、配电设备、计量仪表、管路、阀门、起重设备等。泵站的形式很多，各自的作用也不尽相同。

1. 供水泵站

(1) 取水泵站又称一级泵站，其作用是从江、河、湖泊、水库或地下水源中取水，然后加压从输水管路输送到中途加压站再次加压或直接送到净水厂，如图3—1所示。

取水泵站有固定式（岸边式）、河床式和移动式等多种形式。这类泵站主要由吸水井、泵房和阀门井等组成。岸边式取水泵站的建造条件之一是水流深，水源是主流。

(2) 送水泵站又称二级泵站，其作用是把净水厂处理后的符合饮用水标准的水通过机泵加压，然后从配水管网输送到用户，如图3—2所示。

送水泵站有地面式、地下式和半地下式。这类泵站也是由吸水井、泵房和阀门井等构成。

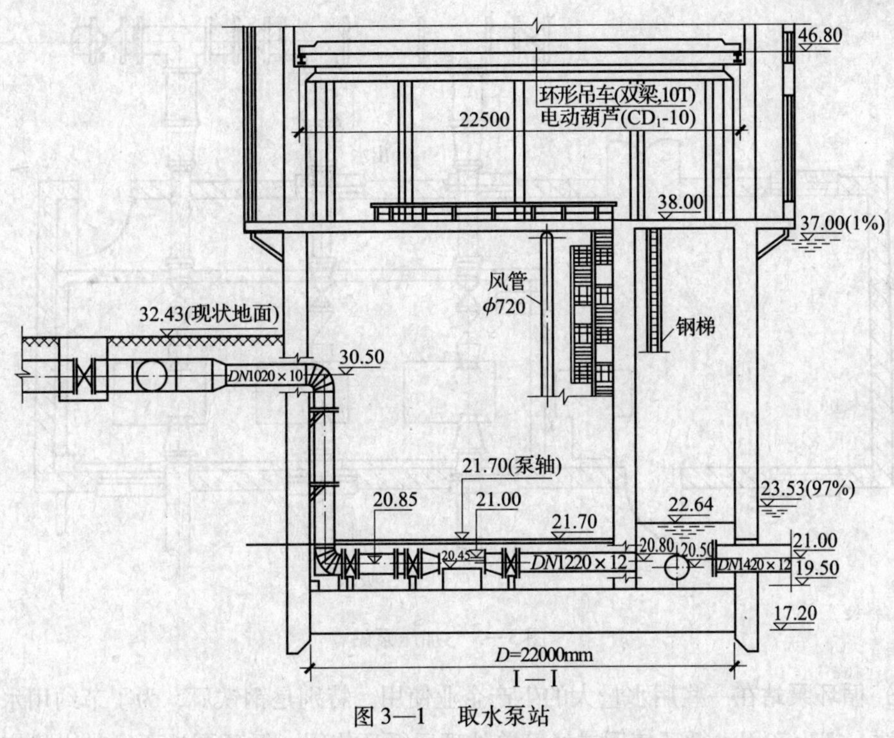

图 3—1　取水泵站

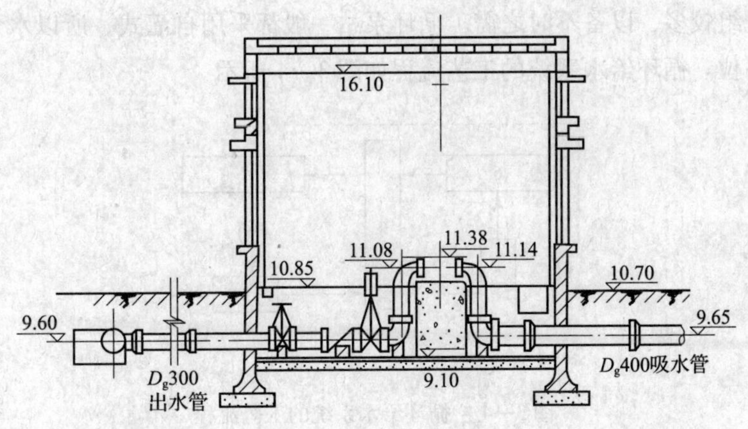

图 3—2　送水泵站

（3）加压泵站常设置在供水面积大、输水管路长、管路末端压力低的地方，或者设置在取水泵站和送水泵站之间，以弥补一级泵站水泵扬程不够的问题。加压泵站将取水泵站的水在输送途中加压后转输到净水厂。在城市中增设加压泵站，可降低供水电耗，使所有用户都得到水，如图 3—3 所示。

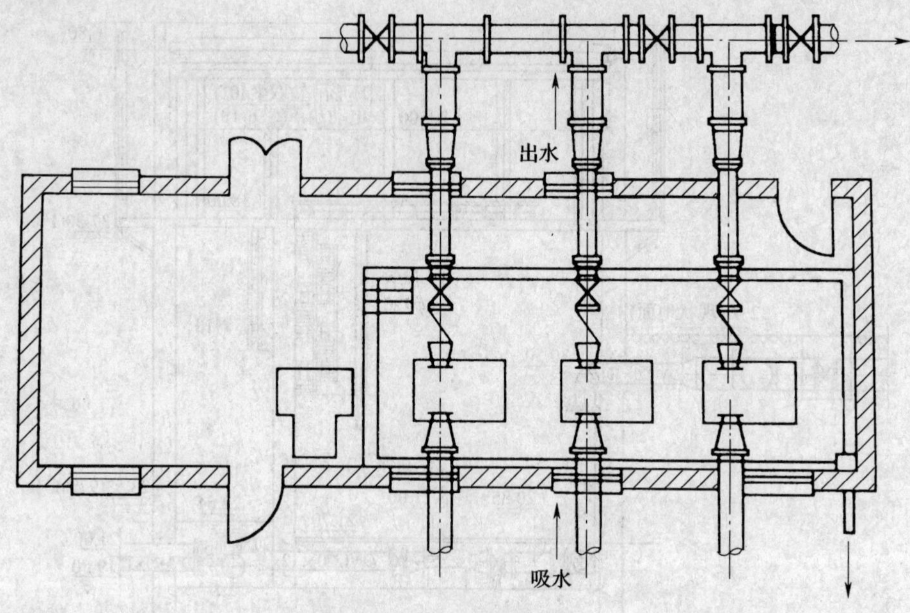

图 3—3　加压泵站

（4）循环泵站在一些用水量大的生产企业使用。特别是钢铁厂，为了节约用水都设置循环泵站，把生产用水循环使用或经简单处理后循环使用。循环泵站要求供水稳定，所以设置的水泵机组较多，以备不时之需。循环泵站一般都采用自灌式，所以水泵轴线都低于吸水井最低水位。循环给水系统的工艺流程如图 3—4 所示。

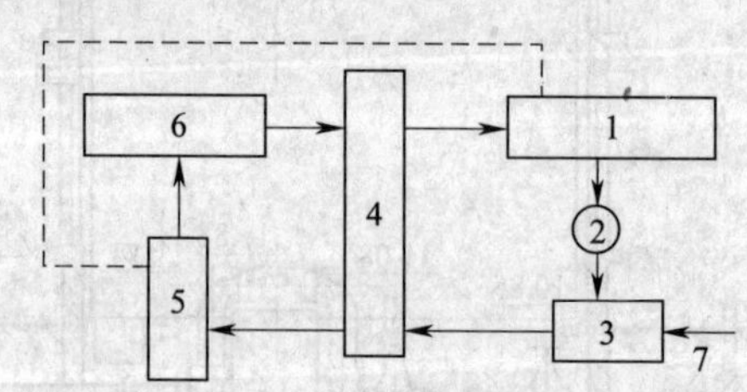

图 3—4　循环给水系统的工艺流程

1—生产车间　2—净水构筑物　3—热水井　4—循环泵站

5—冷却构筑物　6—集水池　7—补充新鲜水

2. 排水泵站

（1）雨水泵站是将雨水管渠内天然降水直接向自然水体排放的泵站，如图 3—5 所示，是为降雨时雨水不能自泄而建的。雨水泵站通常选用流量较大、扬程较低的轴流泵或导叶式混流泵，在泵的出水管路上不允许设闸阀。

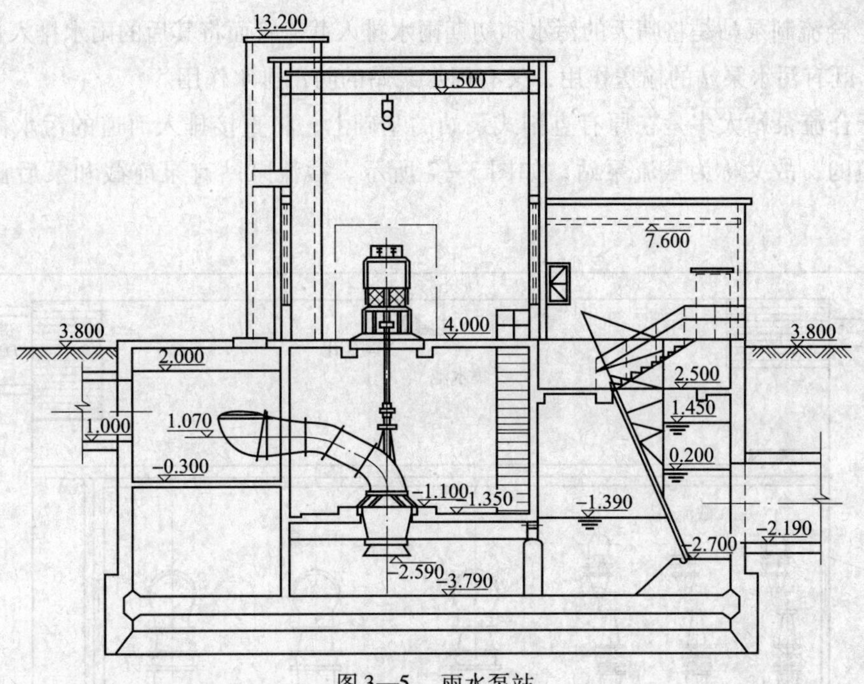

图 3—5　雨水泵站

（2）污水泵站是将城市中污水送入排污管道的设施，如图 3—6 所示。一般污水管道埋设较深，流量较小，所以选用扬程较高而对流量要求不高的离心泵或混流泵。在污水输送管路上还设置中途输送泵站，把污水逐级提升送到污水处理厂净化后排放。

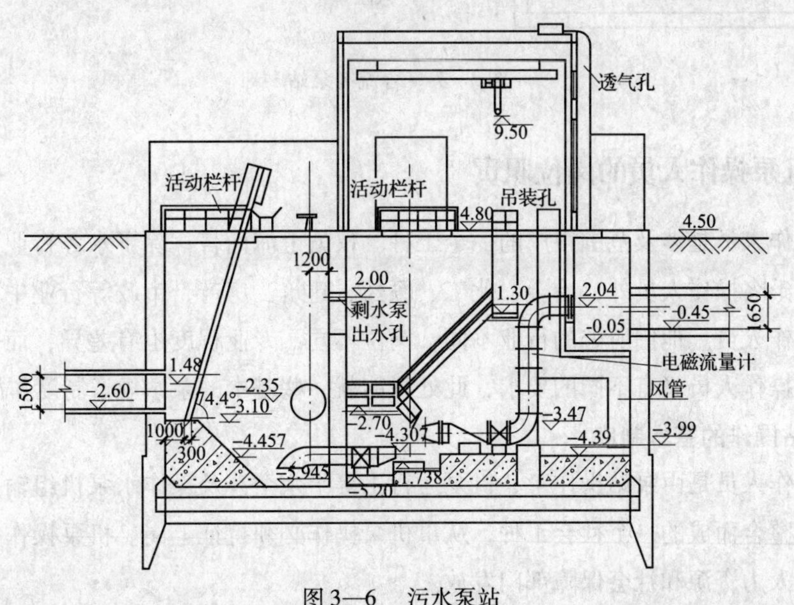

图 3—6　污水泵站

（3）合流制泵站是将晴天的污水和初期雨水排入截流管而将其后的雨水排入自然水体的泵站，既有污水泵站的输送作用，又有雨水泵站的防汛排水作用。

由于合流泵站大多是在原有直排式泵站的基础上，将直接排入河道的污水截流后输送至管道的，故又称为截流泵站，如图 3—7 所示。截流泵站有泵前截和泵后截两种形式。

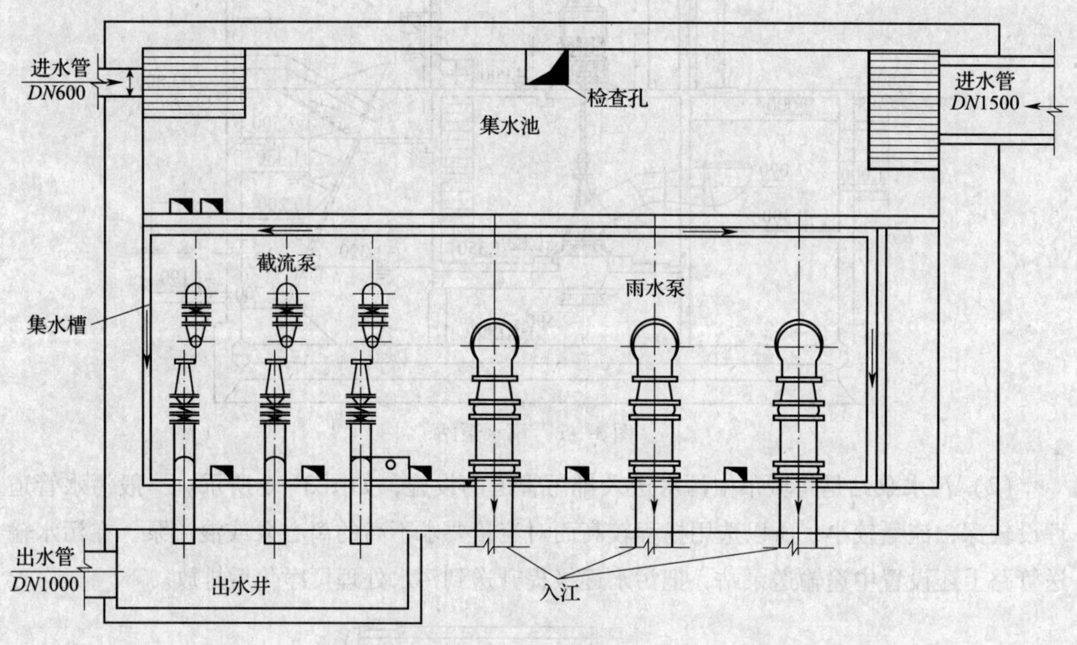

图 3—7　合流制泵站

二、机泵操作人员的岗位职责

机泵操作人员是涉及范围很广的一个工种。仅就上海而言，除了水务行业大小上千座泵站中有数千名操作人员外，冶金、化工、医药、建筑、房产、市政等行业中也有数量很多的机泵操作人员。他们所处的行业不同，岗位不同，专业程度也有差异，而每个不同的岗位对机泵操作人员又有不同的要求，此处只能就一些基本的泵站规章制度作简要介绍。

1. 泵站操作的基本制度

泵机操作人员是由泵站操作工、机泵运行工等十余个涉及操作水泵机组输排水或其他介质的工种整合而成的一个社会工种，从事机泵操作必须持证上岗。机泵操作人员的职业资格证书由人力资源和社会保障部门发放。

机泵操作人员应遵守法律、法规与国家的各项政策，遵守各项安全技术操作规程及本行业、本单位的规章制度；热爱本职工作，兢兢业业，团结协作，忠于职守；树立质量第一，用户至上的理念；在工作中严格按照操作规范和工艺标准实施，做到社会满意、用户满意、企业满意；刻苦钻研技术，提升创新能力；学习相关理论，做到一专多能。

（1）泵站的岗位责任制度

1）遵纪守法，不串岗、离岗、睡岗，不擅自带人进站。

2）管好、养好、用好机电设备，保持站内外清洁。

3）熟悉管辖范围和管道情况，摸清积水点，做到出门防汛排水，做好雨量记录、水位记录、开泵累积时间记录。

4）机电设备运转好，配合开泵服务好，排水效果好，完成污水输送及各项生产指标。

5）值勤记录，运转报表，各项技术资料清楚，正确齐全，按时上报。

（2）泵站的交接班制度

1）四班三运转泵站，早、中、夜三班要班班交接，交接班要提前10 min。

二班制泵站每天早上8:00交接，16:00~20:00为负责制。

2）交接班人员应共同巡视检查设备、安全、工具、站容、值勤记录和其他情况，并交接钥匙和各类通知。

3）恰遇事故处理或倒闸操作时由交班人负责，接班人员协助。

4）情况不清或工作不符合要求，接班人员有权拒绝接班并上报小组或上级领导。

（3）泵站的设备保养制度

1）每天做好低压断路器、低压隔离开关等低压控制设备和高低压开关柜、变压器、断路器等设备的检查、维护和运行巡视工作。

2）做好水泵填料的维护保养和润滑油的检查工作。

3）做好电动机的例行保养、润滑和清洁工作，为保持电动机绝缘，按规定做好试泵工作。

（4）泵站的安全操作制度

1）严格遵守开、停泵操作程序，上班工作时必须使用安全用具及劳防用品，穿好工作服和绝缘鞋。

2）泵房内不准任意放置潮湿衣鞋与雨具，以免影响电气设备绝缘性能。

3）设备转动部分必须有防护外壳或防护罩，防护装置不能卸置不用。

4）在机电设备上进行清洁保养工作时应先切断电源，并有明显断路点，没有明显断路点时要拉脱至少两道电源开关，悬挂警告牌，不得带电进行修理工作；钥匙和熔丝要妥善保管。

5）变压器室要做到“四防一通”，即防汛、防火、防雨雪、防小动物、通风良好。

6）机泵操作人员不得私自外借电源。

7）打剩水、更换填料及拆倒门等操作应按有关防毒和停机操作的规定执行。

（5）泵站的安全用电倒闸操作工作票制度

1）高压停电操作须事先填写倒闸操作工作票。

2）工作票由泵站长或熟悉设备的相关人员填写，由上级主管人员审批。

3）按先低压后高压、先分后总的原则填写倒闸操作工作票。

4）在主接线图上标明有电部位、工作部位及接地位置。

5）监护人员和操作人员应严格按工作票所列顺序监护和操作，严禁擅自更改操作步骤。

6）工作完毕后，工作票应交上级主管部门保管。

（6）井下、池下作业工作票制度

1）井下、池下作业应事先填写下井、下池作业工作票，经上级主管人员审批后实施。

2）作业人员应严格按工作票所列安全防范措施和工作分工进行监护和作业。

3）下井、下池前应做好通风及气体测定工作，符合安全要求方可作业。

4）下井、下池人员必须戴防毒面具，系好安全带，安全绳由专人掌管。

5）监护人员需戴防毒口罩，不准吸烟，严守岗位，做好送风和监护工作。

6）抢救人员应认真做好各项准备，遇有险情迅速投入抢险救护工作。

2. 机泵操作人员的日常工作

（1）工作内容

1）根据污水输送、旱流排放、防汛排水的要求，正确操作机电设备，完成输排水任务。

2）完成对运行中的机电设备的不间断巡视。

3）处理运行中机电设备的故障。

4）完成泵站各单元设施的清洁工作，以及机电设备的例行保养。

5）填写各种运行巡视记录。

6）完成机电设备的检修维护任务，保证机电设备的良好技术性能。

（2）工作方法

1）勤看。看电流、电压、温度、进水池水位、设备动态是否正常。

2）勤听。听轴承、水泵、电动机、变压器等有无异声。

3）勤嗅。嗅水泵运行时轴封机构、联轴器、电动机及其他电气设备等部位有无异常的焦味。

4）勤摸。用手触摸不需要采取特别的安全措施就能够触及的部位，判断设备是否处

于正常状态，如油箱、电动机外壳等处的温度和振动情况。

5）勤动手。做好一切记录，动手解决问题。

6）勤捞垃圾。经常清除集水池格栅处的垃圾，保持进水畅通。

学习单元 2　泵站的基本结构

学习目标

➢了解各类泵站的主要构筑物

➢掌握泵站设施、设备的特征

➢能根据泵站特征管理各种设施和设备

知识要求

一、供水泵站

供水泵站由泵站构筑物和主、辅设备组成，如图 3—8 所示。

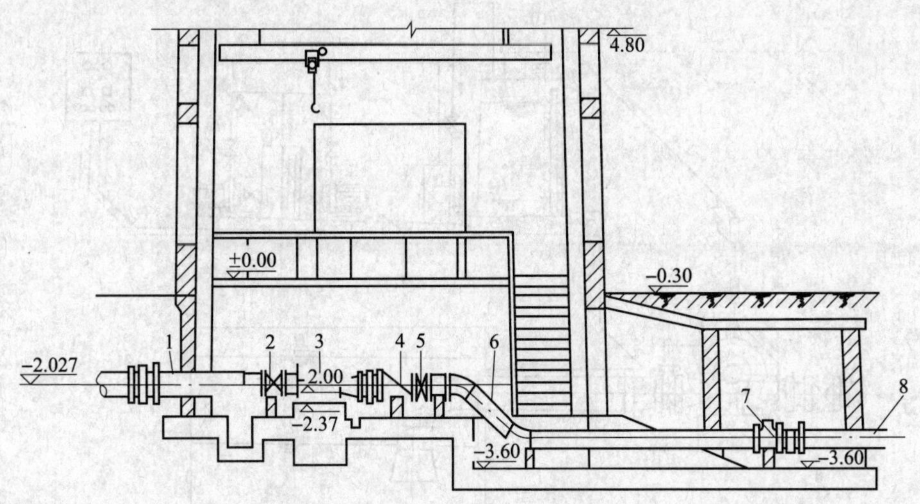

图 3—8　卧式供水泵站

1—吸水管　2—吸水阀　3—水泵　4—止回阀　5—出水阀

6—出水弯管　7—流量计　8—出水管

1. 泵站构筑物

（1）进水构筑物由前池和吸水井构成。

（2）泵房是安装水泵机组、管道和泵站辅助设备的构筑物，其作用是为水泵机组的运行提供条件。

2. 泵站的主要设备

（1）水泵机组由水泵、电动机及其之间的传动机构组成，是泵站的主要设备。

（2）管道指水泵的吸水管道和压水管道，水泵的吸水管道从进水构筑物吸水，经净化后再通过压水管道和管网系统将水送至用户。

3. 泵站的辅助设备

（1）电气设备指泵站的变、配电设备，是水泵机组正常运行的动力保证。

（2）起重设备包括吊车、起重机和手动葫芦等，是安装、检修水泵机组必不可少的设备。

（3）排水设施包括排水泵、集水坑、排水沟等，其作用是排除泵房内的积水，以保持运行环境整洁。

（4）计量设备包括流量计、真空表、压力表、电度表等，是统计运行成本、泵站效率的必要设备。

（5）充水设备包括真空泵、气水分离器、循环水箱等，其作用是为水泵起动前充水，如图 3—9 所示。

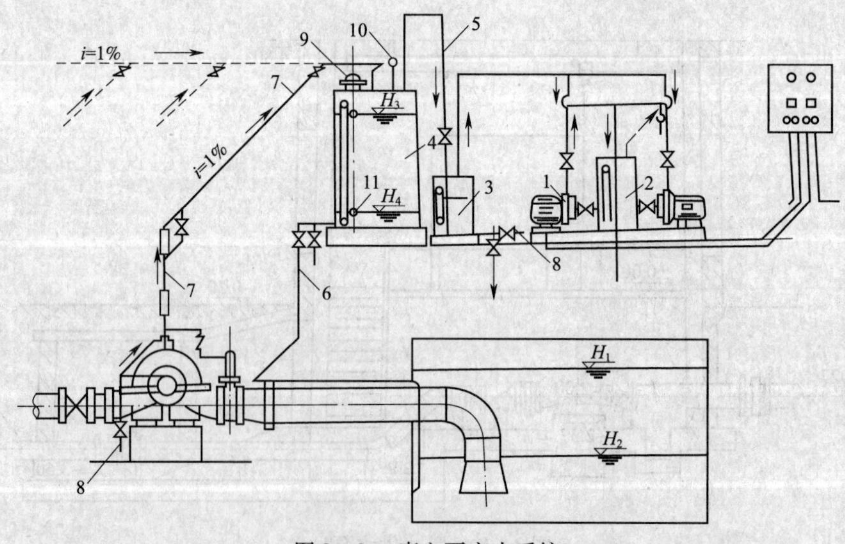

图 3—9　真空泵充水系统

1—真空泵　2—气水分离箱　3—水封管　4—真空罐　5—水封抽气管

6—联通管　7—充水真空管　8—给水管　9—干舌簧液位信号器

(6) 防沟水锤的有关设备。

(7) 其他设备包括通信、照明、安全以及通风采暖等设备。

二、排水泵站

排水泵站由泵站进水设施、泵房和泵站出流设施等组成。

1. 泵站进水设施

泵站进水设施通常包括进水管、进水闸门井、进水渐扩管、格栅除污机和集水池等，如图 3—10 所示。

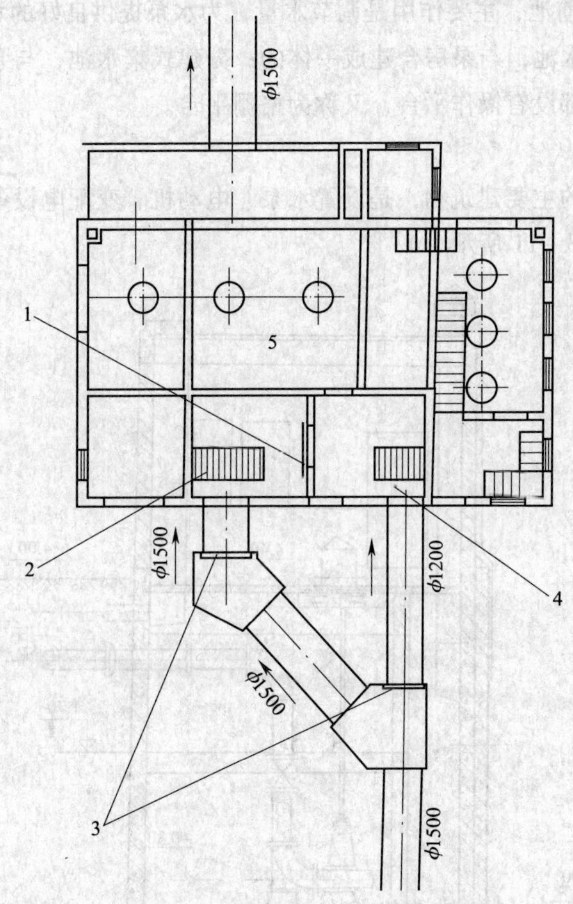

图 3—10　排水泵站进水设施

1—中隔墙闸门　2—格栅　3—进水管　4—集水池　5—泵房间

(1) 进水管是城市下水道与泵站相连接的管道，由区域管网系统终点接至闸门井。

(2) 闸门井分为进水闸门、中隔墙闸门和潮门。

1）进水闸门。通常在泵站进水管与集水池连接处安装进水闸门，又称断水闸门，专为检修而设，平时全开，断水检修时全闭。

2）中隔墙闸门。安装在集水池中间，把整个池子一分为二。

3）潮门。在一些雨水泵站的集水池与河道之间设有一条溢流管道。这条管道上设有闸门，可根据潮水的涨落形成的内外水位差而控制启闭，所以称为潮门或溢流闸门。

（3）格栅除污机是用以拦阻污水中的各种悬浮物、木块、石块等垃圾，防止其进入水泵工作区的辅助机械设备，分粗、细多种规格。和格栅除污机配套使用的还有垃圾输送机和垃圾压榨机。

（4）集水池又称前池，主要作用是调节水量，为水泵提供良好的水流条件。集水池有两种形式：合建式集水池，与泵房合建成一体的；分建式集水池，与泵房分开成为一个独立设施。集水池一般都设有操作平台，又称为格栅平台。

2. 泵房

泵房是整个泵站的主要建筑物，是设置水泵、电动机、变配电设备以及起重装置与辅助设备的场所，如图 3—11 所示。

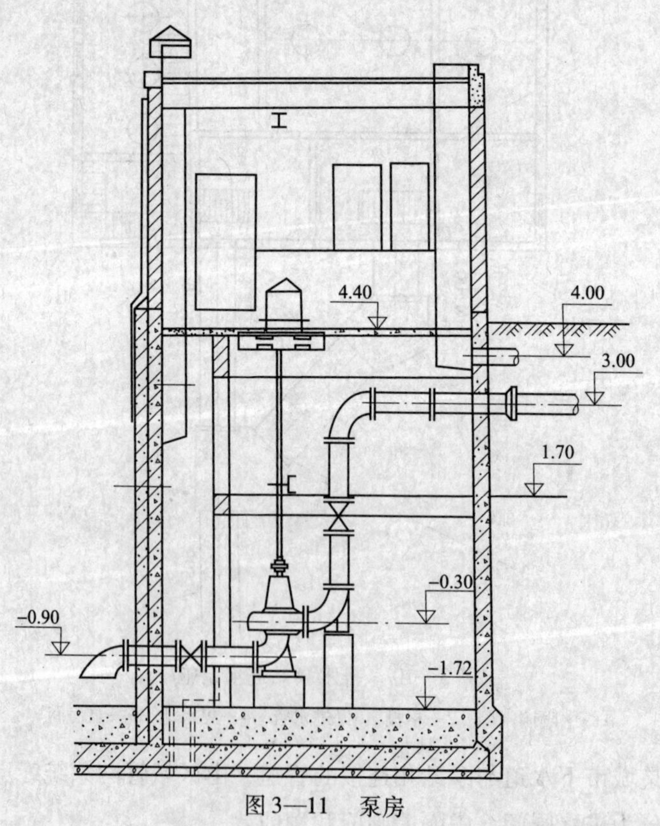

图 3—11　泵房

（1）泵站电动机间用于放置电动机和控制电动机运转的配电设备以及起重装置等。电动机间配备有消防、安全用具和常用工量具。电动机间的门窗应符合维修、通风、采光的要求。

（2）泵站水泵间用于放置水泵泵体及其他辅助设备。对排水泵站有中间传动轴的立式水泵机组来说，水泵间除了放置水泵泵体，还有传动机构、出水管路、闸阀以及剩水泵、通风设备等辅助设备。

（3）变配电间用于放置泵站的变配电设备。变配电设备是联系供电系统与泵站电气设备间的桥梁。变配电间通常由高压配电室、变压器室和低压配电室组成。高压配电室中放置高压开关柜，变压器室中放置三相电力变压器，低压配电室中放置低压开关柜（中、小型泵站的低压开关柜就放在电动机间）。

在变配电间还放置了必要的安全用具和灭火器材，如验电器、放电棒、接地线、绝缘毯、绝缘手套、标示牌、灭火器、黄砂桶等。

3. 泵站出流设施

排水泵站的出流设施包括出流井（压力窨井）或高位井、出流管（压力管）、超越管（回流管）和排水口等，如图 3—12 所示。

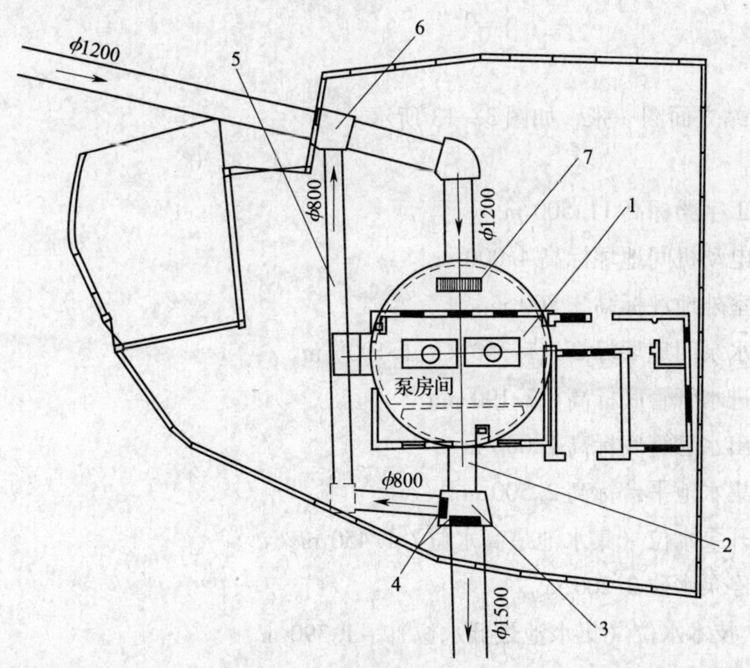

图 3—12　泵站出流设施

1—泵站　2—出流管　3—压力井　4—闸门　5—回流管

6—交汇井　7—集水井

（1）出流井。中、小型泵站的出流井为压力井，与泵房连成一体，内设雨水泵的出水闸门。开泵后，水经过出流井、出流管和排水口排入水体或输送管道。

大型泵站的出流井为高位井，在高位井内安装闸门等设备，上部设有透气的栅栏。

（2）出流管。雨水泵站的出流管是将雨水通过排放口直接送入自然水体的通道。污水泵站的出流管就是输送管道。

（3）超越管。超越管是当泵房因故障不能运行或集水池水位高于出流井时将排放水直接送到出流井的设施。

（4）排水口。雨水泵站的排水口是将雨水排入河道的最终出口，通常直接建在河岸边，与河道的防汛墙、驳岸连成一体。污水输送干线上的出口泵站设有排水口，可将经处理达标的水直接排入自然水体。

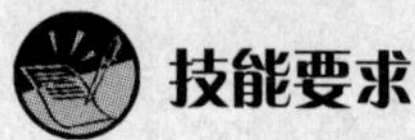

技能要求

识读泵站立面图

操作准备

某雨水泵站立面图一张，如图 3—13 所示。

操作步骤

步骤 1　工字梁标高 11. 500 m。

步骤 2　电动机间地坪标高 4. 000 m。

步骤 3　室外地坪标高 3. 800 m。

步骤 4　水泵间地坪标高 −1. 350（−1. 100）m。

步骤 5　进水管管底标高 −2. 190 m。

步骤 6　出水管管底标高 1. 000 m。

步骤 7　集水池平台标高 2. 500 m。

步骤 8　开泵水位（集水池最高水位）1. 450 m。

步骤 9　停泵水位 0. 200 m。

步骤 10　技术水位（集水池最低水位）−1. 390 m。

步骤 11　基础标高 −3. 790 m。

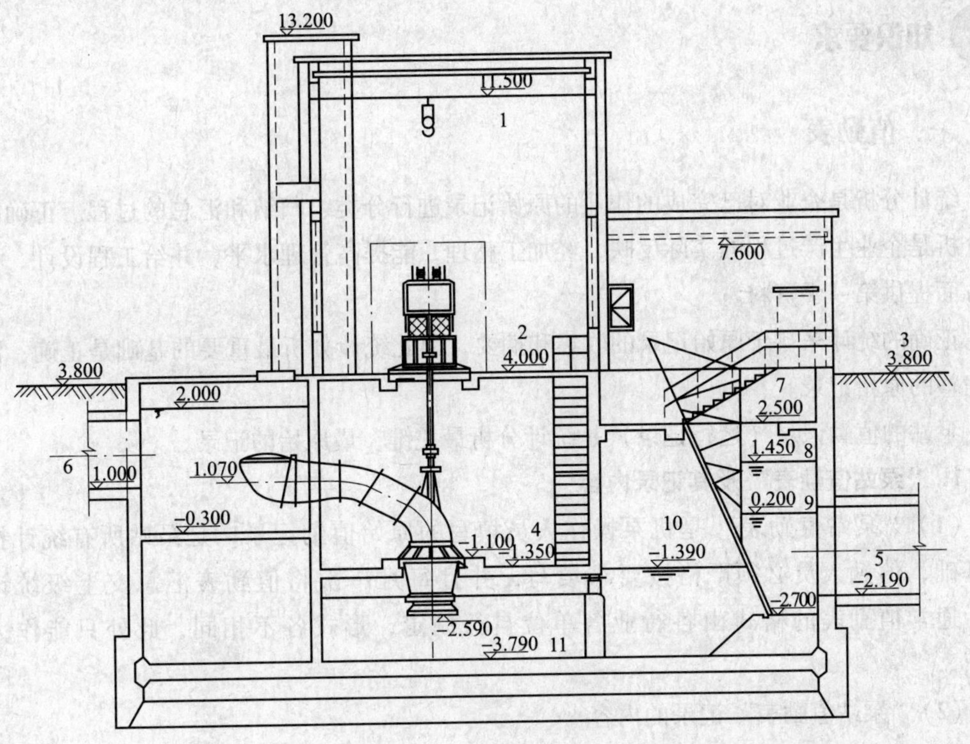

图 3—13　雨水泵站立面图

第 2 节　泵站安全生产

学习单元 1　泵站日常报表

学习目标

➢了解泵站日常报表的种类

➢熟悉泵站日常报表的格式

➢掌握泵站日常报表的填写要求

➢能够正确填写值勤表和旬报表

知识要求

一、值勤表

统计分析是企业对已完成的作业的原始记录进行分类、归纳和汇总的过程。正确的统计分析是企业生产过程的实际反映，经加工整理，能提高管理水平，并给工程设计、科研等方面提供第一手资料。

正确的统计来自于原始记录的收集和摘要，因此统计分析最重要的基础是正确、清晰和完整的原始记录。

泵站的值勤记录（运行记录）是统计分析最关键、最原始的记录。

1．“泵站值勤表”及其记录内容

（1）“泵站值勤表”是机泵操作人员填写的原始值勤记录，是泵站所有统计报表的基础，值勤人员必须严格按要求填写，并且每月一次将值勤表汇总交上级统计部门。通常值勤表的格式由各行业各单位自行制定，形式各不相同，此处只能作大体介绍。

（2）“泵站值勤表”记录的内容

1）工作日期。

2）值勤者姓名。

3）上、下岗时间。

4）闸门开启情况。

5）起动水泵机组的编号。

6）开、停泵时间。

7）水位。

8）电压、电流值。

9）电度表读数。

10）设备保养情况。

此外，各类不同泵站还要填写各自特定的内容，比如供水泵站的水泵压力，污水泵站的电磁流量计读数，合流制泵站的截流设施情况等。机泵操作人员在不同的工作岗位上必须根据所在岗位上级部门设计的值勤表逐项认真填写。

2．值勤表填写示例

（1）供水泵站。值勤表示例见附表1。

（2）排水泵站。值勤表示例见附表2。

二、泵站的统计报表

1. 统计报表的种类和填写要求

（1）统计报表的种类。统计报表是企业生产过程的实际反映，泵站有多种门类的统计报表，如供水行业有综合单位电耗指标的统计表，排水行业有旬报表、月报表、暴雨报表等。当然，其他行业，不论是化工还是冶金行业都使用水泵机组，也都有统计报表。

此处仅以少数实例反映一些报表的共同内容。

（2）统计报表的填写要求

1）供水泵站综合单位电耗指标统计。综合单位电耗指标的含义是指在压力为 1 MPa，供水量为1000 m^3/h 的情况下所耗用的电量，单位是千瓦时/（千立方米·兆帕）［(kW·h）/(km^3·MPa)］，见附表 3。

从综合单位电耗指标的含义可以看出，在同样扬程的供水量要求下，耗电越少就意味着运行效率越高，为了达到节电的目的，最有效的办法是提高水泵机组的综合效率。所以综合单位耗电指标实质上就是水泵机组运行效率的具体反映。

机泵操作人员应了解水泵机组的特性和工作效率，尽可能使机组在水泵的高效区运行，为此，操作人员必须认真记录机组运行时的各项参数，如水泵真空压力表读数、出口压力表读数、出水量以及耗电量等，并将其记录在供水日报表上，以便统计与核查。

2）排水泵站旬报表与排水单耗统计。旬报表是指泵站每隔 10 天必须完成的一份开泵时间、流量、耗电的统计报表。见附表 4。

旬报表通常定在每月 1 日、11 日、21 日填写，统计前一旬的泵站运行内容，并规定每月 21 日把三旬的旬报表汇总成月报表上报。

通常，旬报表要求填写所属泵站名称、年、月、旬、每台电动机的额定容量、水泵的铭牌标示流量、有功电表、无功电表和照明电表读数等，统计日的时间为当日 8:00 至次日 8:00。

排水单耗指每排除千吨水的耗电量，单位是千瓦时/千吨［(kW·h）/kt］。其中，排水量为水泵铭牌流量乘以运行时间，耗电量为电表读数乘以仪用互感器倍率。

2. 报表实例

（1）供水泵站统计报表见附表 3。

（2）排水泵站统计报表（旬报表）见附表 4。

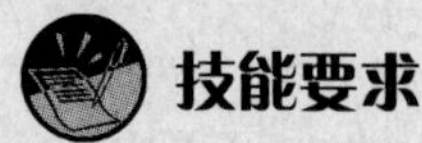

技能要求

填写值勤表

操作准备

值勤表1张，见附表2。

操作步骤

步骤1 填写泵站名称。

步骤2 填写值勤者姓名和上岗日期、班次、到离岗时间。

步骤3 填写运行水泵机组号及开、停泵时间和开泵小时数。

步骤4 填写开、停泵时的水位。

步骤5 填写水泵机组运行时的电压、电流值以及有功电表、无功电表读数。

填写旬报表

操作准备

旬报表1张，见附表4。

操作步骤

步骤1 抄写值勤表内容到旬报表相关位置。

步骤2 填写水泵机组参数。

步骤3 填写开泵性质。

步骤4 填写有功电表、无功电表读数。

步骤5 填写累计开泵时间。

步骤6 填写累计输送水量。

学习单元2 泵站安全操作

学习目标

➢了解泵站安全各方面的内容

➢熟悉泵站各类安全用具

➢掌握有毒有害气体的防护方法，掌握安全用电的各项措施

➢能够正确使用灭火设备并对火警作出应急处理

知识要求

一、有毒有害气体的防护

泵站种类繁多，机泵输送的液体也是多种多样，其中不少排放物属于有毒有害物质，特别是污水泵站排放的生活污水和工业废水中含有多种有毒有害气体。

1. 硫化氢气体（H_2S）

（1）硫化氢气体在常温时为无色气体，有臭鸡蛋味，易燃，剧毒，相对密度为1.19。

（2）硫化氢气体经常存在于自然界与多种生产过程中，如开挖沟渠、下水道、隧道，清理垃圾、粪便、污泥池，以及采矿、冶炼、橡胶、制革、染料等工业生产中都会产生硫化氢气体。

（3）硫化氢气体是一种强烈的神经毒物，在硫化氢浓度为70～760 mg/m³的环境中吸入气体数分钟，就会产生呼吸道和眼部的各种症状，如果在1 000 mg/m³的环境中，人会在几秒内中毒死亡。

（4）硫化氢气体除了是剧毒气体外，还是一种易燃、易爆气体，而且会在低处扩散。

（5）国家规定，在车间空气中有害毒物最高浓度为10 mg/m³，在居住环境则只容许0.01 mg/m³，环境气体浓度可用硫化氢测试仪测定。

（6）一般防护。如果测得空气中H_2S浓度超标，可佩戴过渡式防毒面具（半面罩）和防化手套等。

（7）应急处理。可将中毒者移至空气新鲜处，解开领口、保暖、冲洗皮肤、输氧、就医。

2. 一氧化碳（CO）

（1）一氧化碳是无色、无臭、无味的有毒气体，是煤气的主要成分，比空气略轻。

（2）一氧化碳常产生于煤气、液化气管道泄漏，或工业生产煤气时。

（3）国家规定车间容许一氧化碳气体的最高浓度为30 mg/m³，一氧化碳过量进入体内会造成机体组织缺氧而窒息死亡。

（4）在生产场所要自然通风，使用一氧化碳报警器，浓度较高处戴供氧式防毒面具。

3. 甲烷（CH_4）

（1）甲烷是一种无色、无味、可燃、微毒的气体，比重很小。

（2）甲烷在自然界分布很广，是天然气、沼气、油田气和煤矿坑道气的主要成分。

(3) 甲烷气体在高浓度时会使人因缺氧而引起窒息，当空气中甲烷含量达到25%～30%时会造成头昏、呼吸加速、运动失调等中毒现象，其职业接触极限为250 mg/m^3。

4. 氯气(Cl_2)

(1) 氯气在常温常压下为黄绿色气体，经压缩可液化为金黄色液态氯，是一种有毒气体。

(2) 当人处在氯气浓度为90 mg/m^{3}的环境中就会剧烈咳嗽，在300 mg/m^{3}浓度的环境中会造成肺水肿、循环作用破坏等致命伤害。

(3) 氯气是供水行业常用的消毒药品，在储运过程中要严防爆炸和泄漏。

二、安全用电常识

安全用电是关系到每个人生命的重要课题。在供电和用电过程中必须特别注意电气安全，只要稍有麻痹或疏忽，电击或电灼伤的事故就很可能发生。机泵操作人员对安全用电制度必须严格遵守。

1. 触电原因

触电是指人体触及带电体，或人体接近带电体并在其间形成电弧，对人体造成伤害。

(1) 电击。电击指电流通过人体，破坏人体内部组织，影响呼吸、心脏及神经系统，危及人的生命。触电死亡事故大多由电击造成。

(2) 电灼伤。电灼伤指电流的热效应、化学效应和机械效应对人体造成的伤害，严重的电弧灼伤也可能危及人的生命。

常见的触电原因是违章冒险、缺乏电气知识和输电线、用电设备绝缘损坏。

安全用电原则是不接触低压带电体，不靠近高压带电体。

2. 电流对人体的伤害

电流通过人体会使人体内部组织遭受严重破坏。

(1) 电流强度。电流对人体的伤害程度与电流强度成正比。工频电流强度达到50 mA就会危及人的生命。

(2) 电流种类。50～60 Hz的工频电流对人体的伤害最严重。

(3) 安全电压。安全电压指人体较长时间接触而不致发生危险的电压。其数值与人体电阻以及该人体可以承受的电流强度有关。通常安全电压都指36 V及以下的工频交流电压。

3. 防止触电

(1) 单相触电。人体在地面或接地导线上，身体某一部位触及一相带电体称为单相触电，如图3—14所示。

（2）两相触电。人体两个部位同时分别触及两相带电体称为两相触电，如图 3—15 所示。

图 3—14　单相触电

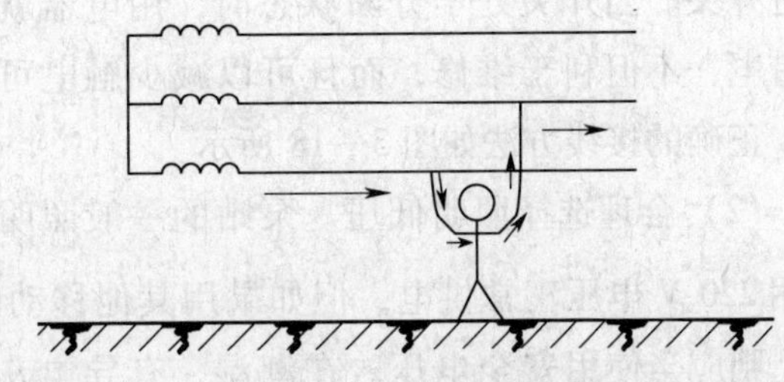

图 3—15　两相触电

（3）跨步电压触电。由于人的两足点位不同导致两足间存在电位差，由此造成的触电称为跨步电压触电，如图 3—16 所示。

（4）直接触电。触及带电体或接近高压带电体造成的触电称为直接触电。

（5）间接触电。触及正常情况下不带电而意外带电的导电体称为间接触电。

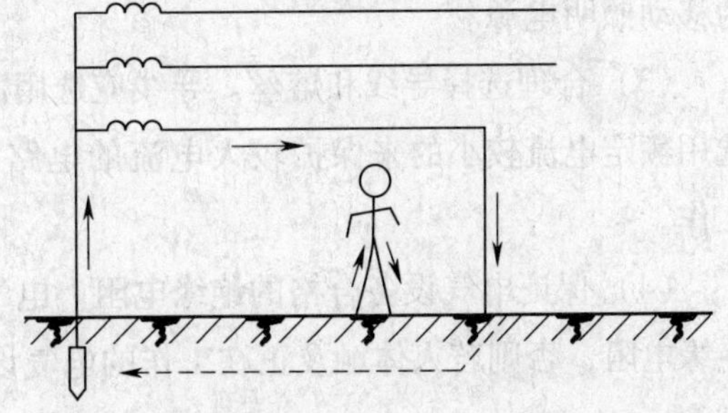

图 3—16　跨步电压触电

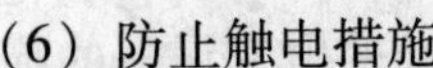

（6）防止触电措施

1）防止直接触电主要采用对带电导体绝缘，加隔离栅栏或防护罩，保证安全距离等措施。

2）防止间接触电主要采用对电动机作保护接地、保护接零和自动切断电源等措施。

3）发现有人触电，首先应用干燥的木棒、竹棒将电线挑离人体，不能用手去拉触电者，如图 3—17 所示。

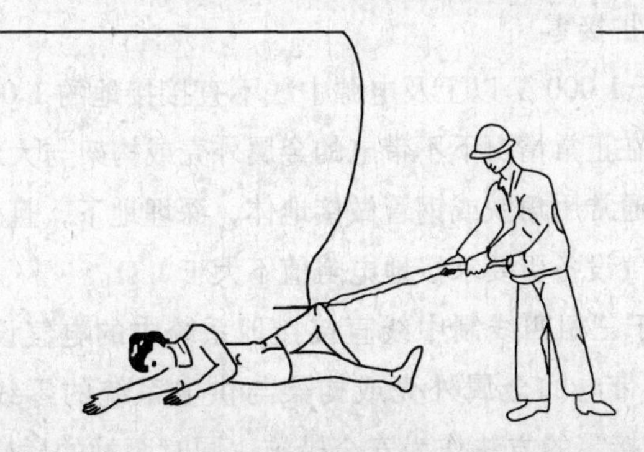

图 3—17　救助触电者

4. 安全用电措施

（1）相线进开关。连接电气线路时必须相线进开关。当开关处于分断状态时，用电器就不带电，不但利于维修，而且可以减少触电可能。正确的接线方法如图3—18所示。

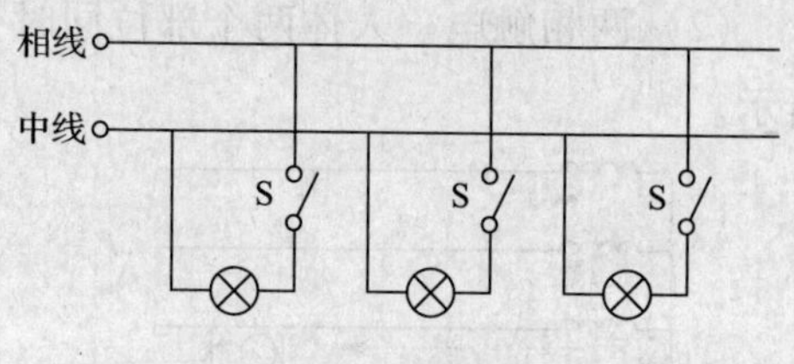

图3—18　相线进开关

（2）合理选择照明低压。泵站的一般照明可用220 V电压正常供电，但如果用其他移动电器，或者人体容易接触到的电器，如行灯，则应当使用安全电压。在潮湿、有导电灰尘、有腐蚀性气体的情况下，则应选用24 V、12 V，甚至6 V的电压供照明灯具使用。比如排水泵站的水泵间常用这类低压电作为移动照明电源。

（3）合理选择导线和熔丝。导线应选用额定允许电流比实际通过电流大的，熔丝则应选用额定电流较小的来保护较大电流的电路。当然也不可选用过小的以致电路无法正常工作。

（4）保证电气设备合格的绝缘电阻。电气设备的金属外壳和导电线圈间必须有一定的绝缘电阻，否则若人体触及正在工作的电气设备（如电动机、电风扇等）的金属外壳就会触电。

通常要求固定的低压电气设备的绝缘电阻不小于1 MΩ，可移动的电气设备的绝缘电阻则应在2 MΩ以上。绝缘电阻可用兆欧表测量。

（5）正确使用移动电气设备。在使用手电钻、冲击锤等移动电气工具时，引线和插头都必须完好无损，引线应采用橡皮或塑料护套线，不可有接头，引线的长度不得超过5 m，金属外壳须可靠接地，绝缘电阻应不小于2 MΩ。注意，不准将220 V作为移动照明的电源。

（6）保护接地和保护接零

1）保护接地适用于1 000 V以上及电源中线不直接接地的1 000 V以下的电气设备。这种方法是将电气设备在正常情况下不带电的金属外壳或构架与大地之间做良好的金属连接，如图3—19所示。通常用角铁或钢管做接地体，深埋地下，且保证其接地电阻在4 Ω以下。对一些大容量电气设备更要求接地电阻值不大于1 Ω。

2）保护接零适用于三相四线制中线直接接地系统中的电气设备。这种方法是将电气设备在正常情况下不带电的金属外壳或构架与供电系统的零线连接，如图3—20所示。低压泵站常用保护接零的方法作为安全措施，同时泵站的插座也是通过保护接零来保证安全的。

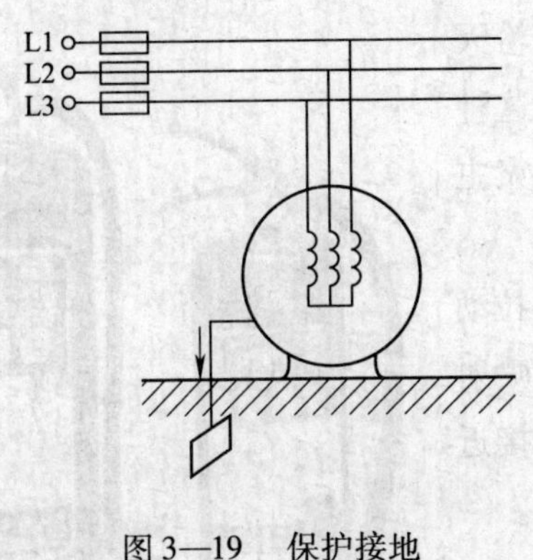

图 3—19　保护接地

图 3—20　保护接零

注意，在同一供电系统（如一座泵站）中，保护接地和保护接零不能同时使用。

（7）使用安全用具和劳防用品。泵站电气安全用具包括绝缘手套、验电笔、放电棒、临时接地线等。电气安全用具必须根据相应的电压等级选用。

根据国家规定，企业给职工发放必需的劳防用品，机泵操作人员严禁把个人劳防用品移作他用。

（8）泵站的安全操作制度

1）倒闸操作规程是机泵操作人员最重要的安全操作技能，具体内容见相关章节。

2）泵站其他安全操作制度已在前文中讲述。

安全用电的组织措施和技术措施还有很多，高压操作和低压操作都有详细的规则说明，供电部门和技监部门也对机泵操作人员有相关培训、考核、验证的要求。

三、泵站的消防安全

1. 消防常识

泵站的防火防爆工作非常重要，易燃易爆物品必须严格管理，科学使用。

泵站的火灾可分为构筑物着火与设备着火两大类，这两类火灾会互相转化。

泵站中比较容易着火的是带负载的充油设备，如变压器、少油断路器、充油互感器；运转的三相异步电动机和运行条件恶劣的电气设备也较易着火，如电力电缆、损坏或老化的电力线路，因长时间的过载运行或短路都可能着火。因此，机泵操作人员必须提高警惕，加强防范，杜绝火灾事故的发生。

灭火的基本方法有隔离法、窒息法、冷却法、抑制法等。

2. 泵站常用的灭火机

常用的灭火机有二氧化碳灭火机、干粉灭火机等，如图 3—21 所示。

泵站常用干粉灭火机作为主要消防器材。干粉灭火机是以二氧化碳为动力，将钢瓶内干粉压出，这种干粉适宜扑救电气设备的火灾，由于泵站内的火灾主因是电气设备着火，所以常配备干粉灭火机。

干粉灭火机使用方法简单，只要打开保险销，拉动拉环，干粉就会喷出。灭火机中干粉约有 8 kg，能喷射 20 s，射程为 5 m。由于干粉喷射时间短，所以要接近火焰喷射，喷射前要选好喷射目标，不要逆风操作。

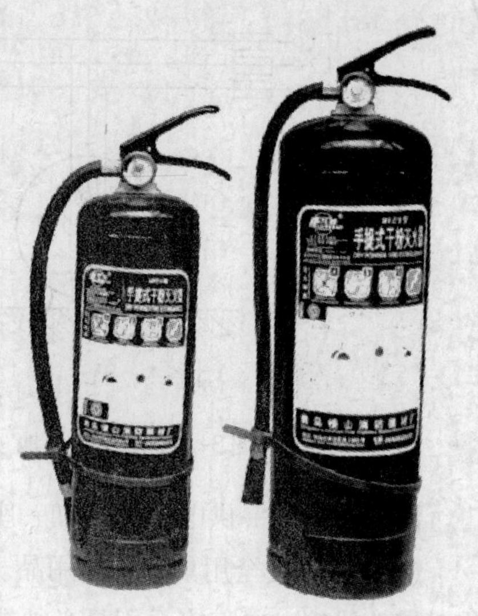

图 3—21　干粉灭火机

3. 火警的应急处理

泵站电气一旦发生故障引起电火警时，首先应切断电源。电火警时常会中断照明，出现浓烟、火焰、电弧甚至爆炸，加之继电保护装置发出的音响信号，造成泵房内的混乱状况。这时，机泵操作人员切记保持冷静，万不可忘记应执行的紧急操作和正确操作方法，不要失去判断和处置事故的能力，以免造成更大的损失，甚至人员伤亡。机泵操作人员万一遇到电火警，应当冷静而果断地进行事故处理并实施救火工作。具体应急操作步骤如下：

（1）尽快把故障设备从线路上切除运行，其方法如下：

1）选择距离故障设备最近的，有灭弧能力的断路器或磁力启动器来切除故障设备。

2）如果熔断器熔体已断或继电保护已使断路器跳闸，则可以拉开熔断器或断路器前的隔离开关，并悬挂标示牌。

3）电动机或起动设备故障应尽可能断开分断路器，不要轻易断开总断路器或断开变压器，只有当分断路器不起作用时，才能断开上一级断路器。

4）只有在开关或机构失效而故障迅速发展时才允许用损坏设备的手段（如撬开、敲击等）排除故障。

（2）制止高声叫喊、跑动和企图盲目操作等混乱现象，稳定情绪。

（3）用电话或派人报告有关领导，火灾一时难以控制就必须打“119”报警。

（4）夜间发生事故会失去照明，应利用一切可发光的物体（如手电筒、手机等）进行局部照明。

（5）集中精力，快速灭火。应严格遵守各类灭火机的操作规程和使用特点，不能随便混用。如果在紧急情况下切断着火设备的电源已不可能，必须在带电情况下灭火时，执行人员必须穿戴绝缘靴和绝缘手套。

（6）如果需用水来扑灭泵房火灾，管理人员应先遮盖泵房剩水泵的电气操作设备，使其不受潮，情况允许的话，还应开启剩水泵以免泵房受淹。

（7）火灾扑灭后，应按设备事故的事后处理要求，一一分析，汇报并迅速恢复被中断的正常运行。

四、泵站的登高作业安全常识

1. 泵站登高安全设备

机泵操作人员有时因工作需要，会有一些登高作业的项目，在进行登高作业时，操作人员必须使用安全带、安全帽和安全网这“三件宝”。

对登高作业“三件宝”的质量可靠程度有以下规定：

（1）安全帽要经得起 3 kg 重的铁弹，在 3 m 以上高处进行的冲击试验。

（2）安全带（见图 3—22）长度不能超过 3 m，要经得起 120 kg 砂袋的冲击试验。

（3）安全网要经得起 80 kg 砂袋从 6 m 以上高处落下的冲击试验。

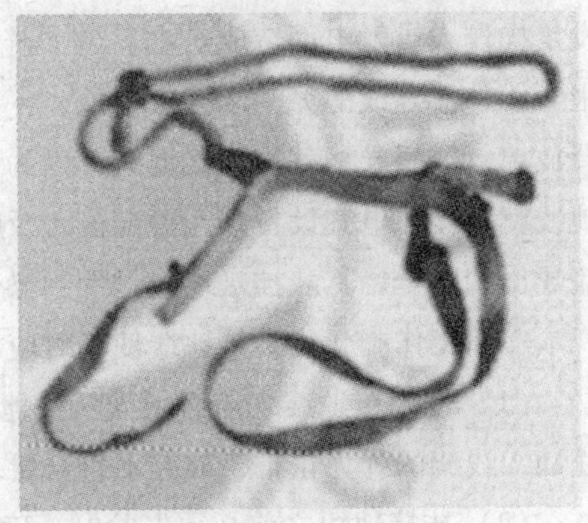

图 3—22　安全带

2. 登高安全原则

登高作业中有“十不登”。

（1）患有心脏病、高血压、深度近视眼等操作人员不登高。

（2）迷雾、大雪、雷雨或六级以上大风不登高。

（3）没有安全帽、安全带不登高。

（4）夜间没有足够照明不登高。

（5）饮酒、精神不振或经医院证明不宜登高者不登高。

（6）脚手架、脚手板、梯子没有防滑措施或不牢固时不登高。

（7）穿了厚底皮鞋或携带笨重工具时不登高。

（8）高楼顶部没有固定防滑措施时不登高。

（9）设备和构筑物之间没有安全跳板，高压电线旁没有遮拦时不登高。

（10）石棉瓦、油毡屋面上无脚手架时不登高。

五、安全用具及其使用

1. 临时接地线

临时接地线是从事电气工作时必不可少的一种安全用具，如图 3—23 所示。机泵操作人员在倒闸操作时常使用临时接地线。

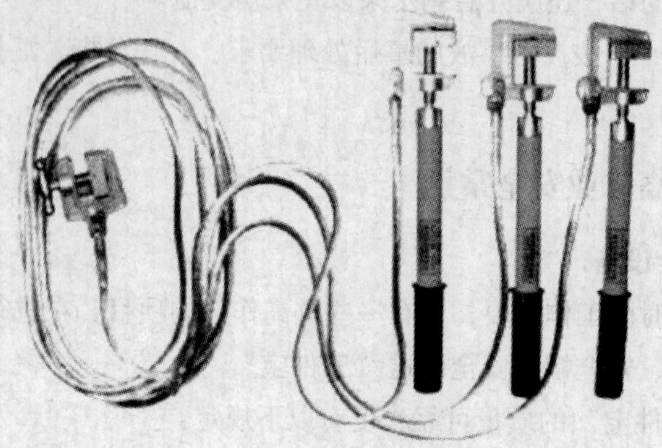

图 3—23　临时接地线

电气设备由于绝缘性能不好或使用环境潮湿会导致其外壳带有一定的静电，严重时会发生操作人员触电而造成伤亡。为了避免出现事故，通常在电气设备的金属外壳上连接一根导线，将导线的另一端接入大地，一旦电气设备发生漏电时，导线会把静电带入大地中释放掉，这根导线就称为接地线，因为不是固定使用，又称为临时接地线。换句话说，接地线就是接在电气设备外壳等部位，及时地将由于各种原因产生的不安全电荷或者漏电电流导出的安全用具。挂接地线是倒闸操作的一项重要技术措施。

实际工作中，临时接地线使用时应注意以下事项：

（1）使用接地线之前必须先对接地线进行检查，确认软铜线没有断头，螺钉连接处不松动，线钩的弹力正常，如有不符合要求的应及时调换。

（2）挂接地线之前必须先验电，确认操作现场已停电，严禁带电挂接地线。

（3）不准将接地线挂在线路的拉线或金属管上，以防由此造成金属管带电而发生安全事故。

（4）爱护接地线，在使用接地线过程中不得扭花，不用时应将软铜线盘好，保持清洁。

（5）接地线拆除后不准乱丢，更不准从高处抛下。

（6）挂、拆接地线必须戴好合格的绝缘手套。

2. 放电棒

放电棒又称高压放电棒，是由绝缘材料加工而成的安全用具，用于释放电器上的残余电荷，确保操作人员安全，如图 3—24 所示。实际工作中常使用便携式伸缩型放电棒。

（1）放电棒的使用

1）将便携式伸缩型高压放电棒伸缩部分全部拉出。

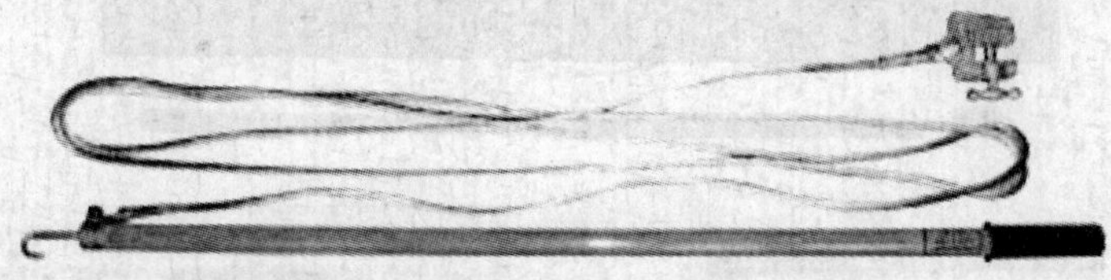

图 3—24　放电棒

2）把配置好的接地线插头插入放电棒尖端部位的插孔。

3）将接地线另一端与大地可靠连接。

4）放电时应先用放电棒前端金属尖头慢慢靠近待放电电器，然后再用放电棒上接地线的钩子进行直接对地放电。

（2）注意事项

1）放电前应仔细检查，确认放电棒与接地线连接可靠。

2）严禁带电用放电棒放电。

3）不准踩踏或用重物挤压放电棒，严禁折弯或折断放电棒。

4）放电棒必须放置在干燥的地方，以免受潮，影响绝缘强度。

5）放电时，操作人员不可接触放电棒。

6）使用放电棒时，操作人员必须戴好合格的绝缘手套。

3. 高压验电笔

高压验电笔又称验电器，用于检查 250 V 以上的高压电气设备，通常由检测、绝缘、握手三部分组成，如图 3—25 所示。

高压验电笔在使用时应注意以下事项：

（1）使用高压验电笔时应执行操作监护制度，一人操作，一人监护。

（2）使用前应检查确认验电器的额定电压与被测电器电压等级相适应。

（3）验电时，操作人员必须戴绝缘手套，穿绝缘鞋。

（4）使用前操作人员应在有电设备上验证验电器完好。

（5）不准擅自调整、拆装验电笔。

（6）不准在雨雪或潮湿环境中使用验电笔。

（7）验电器不用时应放置在干燥通风处，不能用腐蚀性洗涤剂洗涤。

（8）验电器不能用来检测直流电压。

4. 绝缘手套

绝缘手套是劳动保护用品，用橡胶、乳胶、塑料等绝缘材料制成，如图 3—26 所示，具有防电、防水等功能，机泵操作人员在进行带电作业时必须戴好绝缘手套。

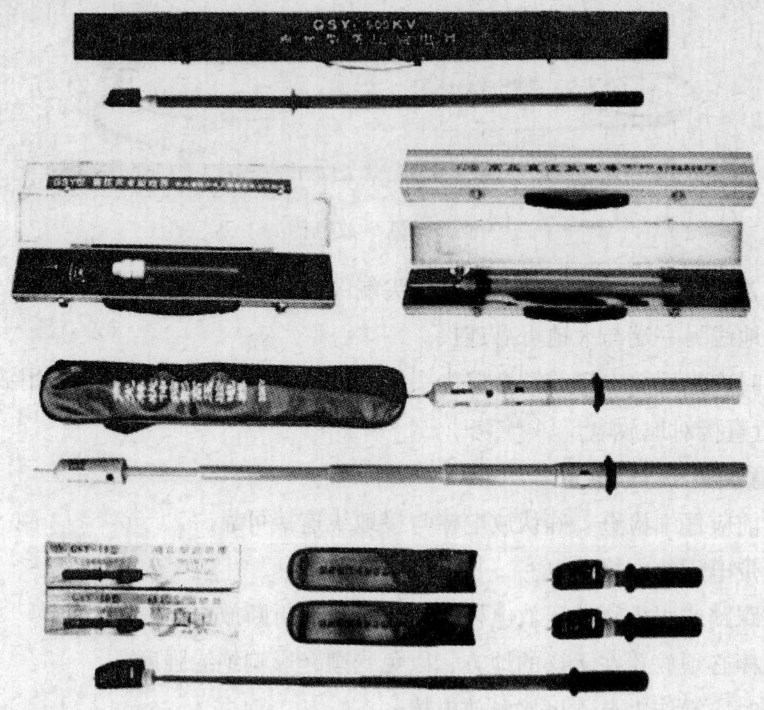

图 3—25　高压验电笔

绝缘手套使用时应注意以下事项：

（1）绝缘手套使用前必须进行充气检验，发现有任何破损都不可使用。

（2）操作时应将衣服的袖口塞入手套筒口内，以防发生意外。

（3）绝缘手套使用后应擦洗干净，干燥后在手套内撒入滑石粉，不使其受压受损，不要放在地上，通常可将手套套在薄板制的木手上，竖直放置。

（4）绝缘手套应放在干燥通风处，不能受酸、碱、油等物腐蚀。

（5）新手套和使用半年以上的手套应进行预防性试验。

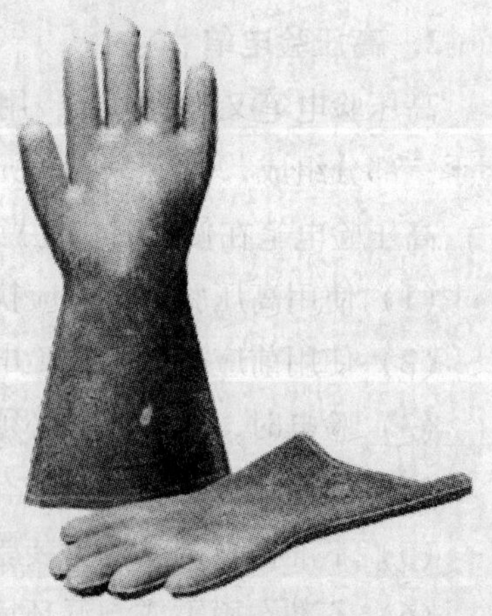

图 3—26　绝缘手套

5．防毒面具

防毒面具是一种个人防护器材，用于对操作人员的呼吸器官、眼睛及面部皮肤的防护，适用于各种有毒有害的作业环境。

机泵操作人员在如冶金、矿山、排水等行业中工作，可能接触某些工作场所中的有毒有害气体，有时甚至十分严重，危及操作人员的人身安全，所以防毒面具是必不可少的安全用具。

防毒面具有过滤式和隔离式两种。过滤式防毒面具由面罩和滤毒罐组成，如图 3—27 所示。面罩包括罩体、眼窗、通话器、呼吸活门和头带等，滤毒罐用来净化染毒空气，内装经过处理的活性炭。使用时应注意以下事项：

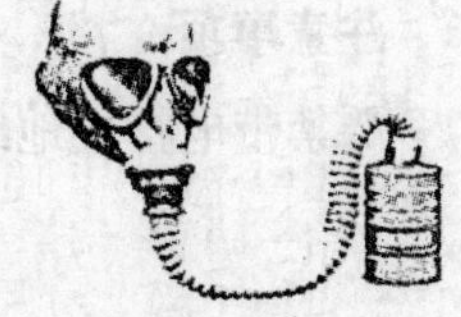

图 3—27　过滤式防毒面具

（1）使用前先对面罩可能接触皮肤处用酒精消毒。

（2）连接滤毒罐和通气管，并打开滤毒罐的橡皮后盖，使呼吸畅通。

（3）滤毒罐每次使用不得超过 45 min，累计使用不得超过 90 min。

（4）滤毒罐每次使用前要进行检查，称重不超过 20 g 时方可使用，长时间不用，每隔 3 个月要称重一次，发现滤毒罐质量比本身标明质量超出 20 g 时应立即更换。

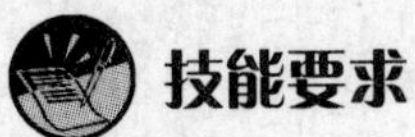

技能要求

使用有毒有害气体的防毒面具

操作准备

防毒面具 1 套。

操作步骤

步骤 1　检查防毒面具，确认其完好，并用酒精对可能接触面部皮肤处消毒。

步骤 2　称滤毒罐，确认符合要求后，连接滤毒罐和通气管，并打开滤毒罐的橡皮后盖。

步骤 3　把装有滤毒罐的小包斜背在肩上，然后把面具套在头上，收紧橡皮搭扣。

步骤 4　使用后把面具和吸气透气管清洗、擦干，并对滤毒罐进行检查。

使用临时接地线

操作准备

临时接地线 1 套。

操作步骤

步骤 1　检查接地线的软铜线，确认其完好，螺钉连接处不松动，线钩弹力正常。

步骤 2 戴好合格的绝缘手套，对操作部位验电。

步骤 3 确认操作现场停电后在规定位置挂接地线。

步骤 4 使用后，将软铜线盘好，保持清洁。

注意事项

严禁带电挂接地线。

使用灭火机

操作准备

二氧化碳灭火机、干粉灭火机、1211 灭火机各 1 台。

操作步骤

步骤 1 从 3 种灭火机中挑出干粉灭火机。

步骤 2 右手拎起灭火机，左手拉出圈环对准火焰，干粉即喷出。

注意事项

平日置于干燥通风处，防潮防晒，一年一次检查气压，如果质量减少 1/10 应充气。

使用放电棒

操作准备

放电棒 1 套。

操作步骤

步骤 1 将放电棒可伸缩部分全部拉出。

步骤 2 把配制好的接地线插头插入放电棒尖端部位的插孔，确认连接可靠。

步骤 3 将接地线另一端与大地可靠连接。

步骤 4 用放电棒前端金属尖头慢慢靠近待放电电器做第一次放电。

步骤 5 再用放电棒上接地线钩子进行直接放电。

使用验电笔

操作准备

验电笔 1 套。

操作步骤

步骤 1 使用前检查确认验电笔额定电压与被测电气设备低压等级相适应。

步骤 2 戴好绝缘手套，穿好绝缘鞋。

步骤 3 在有电设备上验证验电笔完好。

步骤 4 一人监护，一人操作验电。

使用绝缘手套

操作准备

绝缘手套 1 副。

操作步骤

步骤 1 使用前先进行充气检验，确认绝缘手套完好无损。

步骤 2 操作时将衣服袖口塞入绝缘手套筒口。

步骤 3 使用后洗净、干燥，撒入滑石粉，平整放置在干燥通风处，勿使其受压、受腐蚀。

附表 1

供水机泵值勤表　　　　年　月　日　星期

时间	号机泵									号机泵									号机泵									小时水量小计（m^3）	备注
	开停车时间	压力（kPa）					流量仪读数	水量（m^3）	压力水量（$km^3\cdot kPa$）	开停车时间	压力（kPa）					流量仪读数	水量（m^3）	压力水量（$km^3\cdot kPa$）	开停车时间	压力（kPa）					流量仪读数	水量（m^3）	压力水量（$km^3\cdot kPa$）		
		半点		正点		平均					半点		正点		平均					半点		正点		平均					
		真空	泵口	真空	泵口						真空	泵口	真空	泵口						真空	泵口	真空	泵口						
0																													
1																													
2																													
3																													
4																													
5																													
6																													当班人：
7																													
小计																													
8																													
9																													
10																													
11																													
12																													
13																													
14																													
15																													
16																													
17																													当班人：
18																													
小计																													

续表

时间	号机泵									号机泵									号机泵									小时水量小计(m^3)	备注
	开停车时间	压力(kPa)					流量仪读数	水量(m^3)	压力水量($km^3 \cdot kPa$)	开停车时间	压力(kPa)					流量仪读数	水量(m^3)	压力水量($km^3 \cdot kPa$)	开停车时间	压力(kPa)					流量仪读数	水量(m^3)	压力水量($km^3 \cdot kPa$)		
		半点真空	半点泵口	正点真空	正点泵口	平均					半点真空	半点泵口	正点真空	正点泵口	平均					半点真空	半点泵口	正点真空	正点泵口	平均					
19																													
20																													
21																													
22																													
23																													当班人:
24																													
小计																													
合计																													审核人:

附表 2

泵站管理值勤表

__________泵站

日期		值勤者姓名	班次	时间		车号	开车			停车			开车小时		电压（V）	电流（A）		电表读数		备注
月	日			到站	离站		时	分	水位	时	分	水位	时	分		开车	停车	有功	无功	

附表 3

供水泵站水量、电量汇总表

日期

时间	号出水泵房								号出水泵房								出水管小时水量合计（m^3）	压力水量合计（m^3）	出厂水量合计（m^3）	小时电量合计（kW·h）	备注
	1	2	3	仪表水量合计（m^3）	出厂管水量合计（m^3）	压力水量合计（m^3）	出水量合计（m^3）	电量合计（kW·h）	4	5	6	仪表水量合计（m^3）	出厂管水量合计（m^3）	压力水量合计（m^3）	出水量合计（m^3）	电量合计（kW·h）					
0—1																					
1—2																					
2—3																					
3—4																					
4—5																					当班人签名：
5—6																					
6—7																					
7—8																					
小计																					
8—9																					
9—10																					
10—11																					
11—12																					
12—13																					当班人签名：
13—14																					
14—15																					
15—16																					
小计																					

续表

时间	号出水泵房												号出水泵房					出水管小时水量合计（m^3）	压力水量合计（m^3）	出厂水量合计（m^3）	小时电量合计（kW·h）	备注
	1	2	3	仪表水量合计（m^3）	出厂管水量合计（m^3）	压力水量合计（m^3）	出水量合计（m^3）	电量合计（kW·h）	4	5	6	仪表水量合计（m^3）	出厂管水量合计（m^3）	压力水量合计（m^3）	出水量合计（m^3）	电量合计（kW·h）					
16—17																					
17—18																					
18—19																					
19—20																					当班人
20—21																					签名：
21—22																					
22—23																					
23—24																					
小计																					
合计 水量(t)																					
合计 电量(kW·h)																					
电基(kW·h/kt)																					
运行时数(h)																					

附表 4

车号	1 号	2 号	3 号	4 号
电机	kW	kW	kW	kW
水泵	m^3/s	m^3/s	m^3/s	m^3/s

旬 报 表

______泵站　　　　年　月　旬

日期		一号车			二号车			三号车			四号车			用电(kW · h)	
		性质 1	性质 2	小计	性质 1	性质 2	小计	性质 1	性质 2	小计	性质 1	性质 2	小计	有功电度表	
														常数	
														上期读数	
														本期读数	
														用电量	
														无功电度表	
														上期读数	
														本期读数	
														用电量	
														总耗电量	
														备注	
本旬	小时														
	流量 (m^2/s)														

开车性质	合计开车小时	实际用电量(kW · h)	输送水量(kt)	单耗(kW · h/kt)
性质 1				
性质 2				
小计				

主管：　　　审核：　　　制表：